あなたの英語勉強法がガラリと変わる

同時通訳者の頭の中

関谷英里子
Eriko Sekiya

祥伝社黄金文庫

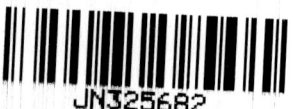

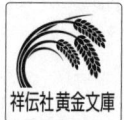

本書は、2013年4月に小社より刊行された『あなたの英語勉強法がガラリと変わる　同時通訳者の頭の中』を、加筆・修正のうえ文庫化したものです。

はじめに

「同時通訳をしているとき、
　頭の中ってどうなっているのですか？」

　通訳の仕事をしているときによくいただく質問です。
　同時通訳では、話されている英語を瞬時に的確な日本語に訳して、聞き手のみなさんにお伝えします。日本語が話されている場合は、その逆を行ないます。
　話されている内容は、私の頭の中では映像としてとらえられています。実は、文字でとらえているわけではありません。話がどんどん展開していく中で、それを聴きながら別の言語に即座に置き換えていくスピードを要求される作業では、物事を文字でとらえていたら処理できないからです。

　この作業を行なうにあたって、私が重要だと思っているのは、話されている内容の本質をとらえ、それをイメージ化する「イメージ力」と、聴いたことに即座に反応して通訳していく「レスポンス力」です。
　私は幼少期にイギリスに３年ほど滞在し、そして高校生のときに1年間オックスフォードにある高校に留学しましたが、基本的に日本で育ち、日本で教育を受けました。

同時通訳の仕事を日々続けていけるのは、海外での生活を送ったからではなく、このふたつの力を身につけているからだと思います。

同時通訳の仕事を続けながら、思っていることがあります。

このふたつの力は同時通訳者だけではなく、英語を学ぶすべての人にとって意味がある力なのではないか、ということです。

英語を上達させるのにリスニング力を上げたらいいのか、それとも話せるようにスピーキング力を上げればいいのか。文法はどこまで知っていればいいのか。単語は何を覚えたらいいのか。

実は英語力をつけるには、これらにバラバラに取り組めばいい、というわけではありません。英語をコミュニケーションツールとして使っていく際に必要なのは「イメージ力」と「レスポンス力」です。これらふたつの力をつけられるように、英語を聴いたり読んだり、話したり書いたりするのです。その過程で文法を知り、語彙を身につけるのです。そうして英語でコミュニケーションできるようになるのです。

この本では、私がどのようにこのふたつの力を身につけたか、そして今でも日々どのようにしてこのふたつの力をトレーニングしているか、ということを解説していきます。私がこれまで行なってきた英語学習、そしていままさに行なっている毎日の訓練を、同時通訳者の頭の中を説明しながら、解説していきます。

その中には、通訳者の養成学校で必ず教えているものもあれば、私が独自に行なってきた訓練もあります。日々熱心に英語に取り組んでいるみなさんの参考になればうれしいです。

私は、英語を通してたくさんのことを学びました。

英語を通して仕事を学びました。仕事で成果を出す方法を身につけました。

その過程でどのようにしたら自分の思っていることが伝わるようになるかを考えました。

どのようにしたら相手を理解でき、同時に自分も相手に理解してもらえるかを学びました。

最先端の技術について知ることもできました。多くの成果を残している人はどのような考え方をしているのかを知ることができました。

これらは日本語でももちろん学ぶことができますが、人生に英語を取り入れたからこそ学べたことも多いと感じています。

一層、生きることを楽しむために。

この本が、人生に英語を取り入れようと思っているみなさんのお役に立てれば幸いです。

では、さっそく始めましょう。

CONTENTS

3章—— 同時通訳者が実践! 英語のプロの勉強法

4章―同時通訳者は道具を使い倒す

5章―― 英語は コミュニケーションのツール

ブックデザイン 井上篤
イラスト 須山奈津希

1

章

同時通訳者の頭の中

この章では、同時通訳者にとって大事な力である「イメージ力」と「レスポンス力」についてご説明します。まずは、次の問題を考えてみてください。

quiz

1

同時通訳の現場では、●秒以上の沈黙が続くと「機材の故障かも?」と、聴いている人たちが不安を感じ、会場がざわつき始めます。さて、それは何秒でしょう?

quiz

2

I have a question for you. は直訳すると「私はあなたたちにひとつの質問があります」ですが、ほかにどんな訳が考えられるでしょう?

考えましたか？　では、本文へどうぞ！

＊quiz の答えは、それぞれ 31、27 ページをご覧ください。

同時通訳者の
頭の中を覗いてみると

　同時通訳者の頭の中は、実際に同時通訳をしているとき、どのようになっているのでしょうか。

「同時通訳をしているとき、頭の中はどうなっているのか？」
「なぜそんなことができるのか？」
　とよく質問をいただきます。

　日本語同士であっても、他の人が言った言葉をその場で同時に周りの人に伝えるのは難しいことだと私は思います。

　同時通訳とは、話者の言葉（英語や日本語）を聴きながら即座に反応して、別の言語に置き換えてアウトプットしていく作業です。
　たとえば英語を話している人の言葉を聴きながら、即座に日本語に通訳するような状況です。日本語に通訳しながらも、話者の話はどんどん先に進んでいきますから、日本語に訳しながら話者の英語を聴き取り、そしてその部分も日本語に訳していく、という流れです。

同時通訳をしている、そのときの感覚はどうなのか。

私の感覚では、ひたすらスピーカー（話者）とリスナー、オーディエンス（聴衆）間に立つ媒体（英語で **medium**。この複数形 **media** がいわゆるマスコミなどに対して我々が使う「メディア」という言葉です。そもそも「媒介物、媒体、導体」ということなのです）。

そこに話者の話す内容が伝わってきて、私という媒体を通ってオーディエンスに届きます。通訳をしているとき、私には「私」という存在はありません。

そして、「私」の中はどうなっているのか。

「私」の中は目や耳から得たスピーカーの情報がイメージ（映像）となって浮かび上がり、そのイメージを私は言葉にします。

この映像はスピーカーが話し続ける限り、どんどんストーリーをなして、移り変わっていきます。スピーカーの話し方によっては「ぱっぱっ」というように場面が切り替わることもありますし、ゆるやかに情景がつながってストーリーが織りなされていくこともあります。

ビジネスの場でのプレゼンテーションでスライドがどんどん映し出されたり、会議で話す人がさまざまだったりするときは映像が「ぱっぱっ」と切り替わる感覚。講演会などひとりの人がストーリーを話すときは、ゆるやかに情景がつながっていく感覚になることが多いです。

これは、あくまでも私の個人的な感覚です。でもひとつ言えることは、通訳をしているとき、私の頭の中では、**話されていることを「文字」でとらえているわけではない、**ということです。ある英単語を聴いてそれを別の日本語の単語に置き換える、ということもありません。「映像」でとらえているのです。

話者からの話がどんどん展開していき、それを別の言語で表現していく、という作業を行なうとき、頭の中で文字で考えていたら、ものごとを高速に処理することは不可能だからです。

ある言語の言葉を別の言語の対照する言葉に直すという作業ではなく、ある言語で表現されたことが瞬時に映像、イメージとして頭の中に映し出され、それを別の言語で表現します。つまり、同時通訳者の頭の中を再現するには「イメージ力」が鍵になってきます。

同時通訳者は、媒体です

I have a question for you
さて ここで質問です
スピーカー
同時通訳者
媒体 (medium)
オーディエンス (聴衆)

同時通訳者に求められる「イメージ力」と「レスポンス力」

同時通訳者に求められる能力は、私は次のふたつであると思っています。

ひとつは、先ほどご紹介した**「イメージ力」**。

言葉をとらえて、それを瞬時に映像で把握し、別の言語でアウトプットするために必要な力です。

言い換えれば、文字や言葉にとらわれずに「本質をとらえる力」です。

「本質をとらえる力」は英語学習者や通訳者に限らず、そもそも人とコミュニケーションを取るのに必要な力です。相手の言葉を通して、その人が何を伝えたいのかを把握する力です。ある意味、ここでは「言葉」から離れます。言葉を生業《なりわい》にする通訳であっても、最終的に必要になってくるのは相手を理解する力だと、私は思っています。

もうひとつは、**「レスポンス力」**。

これは、相手の言ったことに瞬時に反応して、言葉を発していく反応力です。よどみなく通訳をする際には必須の力です。

普段から文献を読んだり（リーディング）、人の話を聴いたり（リスニング）してインプットしたことを、話したり（スピーキング）書いたり（ライティング）して、それらを繰り返していくトレーニングは「レスポンス力」をつけるためにほかなりません。

この4つの技能を伸ばす訓練も、文法を復習するのも、語彙を増やすのも、すべては「レスポンス力」をつけるためのトレーニングなのです。

この本では、**みなさんの英語力を上げていただくために、同時通訳で使っているトレーニング方法などを織り交ぜながら、このふたつの力を上げる方法をお伝えします。**

同時通訳者が日々磨いているこのふたつの力をつけていけば、今のあなたの英語力は飛躍的に伸ばせます。学習法も、ガラリと変わります。

「イメージ力」とは

私が利用している「イメージ力」について、もう少し詳しく説明しましょう。

たとえば、**commit** という単語を使った文が話されたとします。

We're committed to providing excellent customer

service at FEN Corporation.

この英文には、

「ここフェンコーポレーションでは素晴らしい顧客サービス（カスタマーサービス）をご提供することにコミットしています」

という訳がつけられます。あるいは、

「我々フェンコーポレーションでは素晴らしい顧客サービス（カスタマーサービス）をご提供することに真剣に取り組んでいます」

とも言えます。

「コミット」として日本語でも馴染みのあるこの言葉は、特にビジネスではひんぱんに使われています。

「このプロジェクトは先方が、どれくらいコミットしているかが鍵となるよな」

といった会話が、職場で繰り広げられているかもしれません。

でも、この **commit** は英和辞典で引くと、

託する、委託する、引き渡す
献身する、言質《げんち》を与える

という日本語が並び、いまひとつピンときません。

また、辞典を読み進めると、

（罪を）犯す

という日本語訳があることがわかります。**commit a crime** などとして使われます。

「日本語だけで覚えようと思っても、意味がつかめないな」と私は初めてこの言葉を辞書で引いたときに思いました。

実はこの **commit** の本質は「身を投じる」というニュアンスに込められています。

仕事に精を出すのも、その仕事に「身を投じる」ということですし、罪を犯してしまうのもそのことに「身を投じて」しまうから、ということを知ると、**commit** が仕事にも罪や過ちにも使えるということが納得できるのです。

英英辞典には、

perpetrate or carry out（a mistake, crime）

＝要は、日本語だと悪事を犯す

bind（a person or an organization）to a certain course or policy

＝要は、日本語だと人や組織に、ある歩みや方針

（つまり仕事やプロジェクトと置き換えられる）の義務を負わせる、縛る

といったことが書いてあります。

そして用法に、

be committed to something

= be dedicated to something

要は「何かにコミットしている状態」は「〜に献身する」ということだというのがわかります。

また、私が使っているオックスフォードの英英辞典には、語源も載っています。

そこには **commit** はラテン語の「加わる」とか「信頼する」という意味から来ており、自らを投じたり、献身したりすること、といったことが書かれています。

ここまでくるとさらに、**commit** という言葉は、真剣な取り組みや本気の取り組みを表わし、そう簡単には引き下がらないイメージだということが思い描けるのです。

このように英英辞典を読み込むと、**commit** の全体像がつかめます。

さまざまな英単語について、ここまで深く知り、頭の中でそれぞれの情景や雰囲気を思い描けるようにな

ることを、私は「イメージ力」と言っています。

イメージ力を鍛える方法は後述しますが、ものごとを思い描く芸術的な才能が必要とされるわけではありません。

「イメージ力」を使って 話者の言葉の本質をつかまえる

この「イメージ力」をつけることが、最終的には「本質をとらえる力」になります。文字や言葉にとらわれずに、相手の言ったことの根っこの部分、コアの部分をしっかりと理解することです。

高速で耳から目から入ってきた情報を処理していく同時通訳者は、その人が何を伝えたいのかを把握します。通訳者はそれらの「イメージ」をふたたび、最初に聴いた言語とは別の言語に置き換えて発さなければなりません。

言葉を表面的にとらえるのではなく、発言の背後にある思い、意図をとらえるのです。大げさにいえば発言の背後にある世界観に関わってくる部分を理解しなくてはなりません。

そもそもこの人は何を伝えたくて、この言葉を使っているかを理解する力のことです。

言葉はさまざまに解釈し、訳すことができます。通訳も翻訳も「正解」はひとつではありません。さまざまな表現の形があります。

その中で、最適の訳を瞬時に選び出すのが同時通訳の仕事です。ピントの呆《ぼ》けた表現ではなく、ぴたっとはまる表現を選ぶには「イメージ力」を使って本質をとらえることがとても重要になってきます。「イメージ力」がついて本質をとらえられるようになると、訳した言葉が聴衆の心に触れる、話者の思いを伝える言葉になるのです。

すべての内容は訳すが、すべての言葉を訳すわけではない

同時通訳では、話されている内容はすべて反映して訳すのが大前提です。

ただし、これは「すべての言葉をそのまま訳す」という意味ではありません。英語（あるいは日本語）で話している内容をスムーズに伝えることがポイントとなります。

たとえば、英語の人称は、日本語に訳すときには省略することが多いです。「私」「あなた」といった人称は、日本語でいちいち言わないのが自然だからです。

「あなたはこれをどう思いますか」とは訳さずに「どう思いますか」だけだったり、あるいは一体感を出すなら「みなさんはどう思いますか」となったりすることもあります。それぞれの言語において、自然な表現、意味がすっと入っていく表現を瞬時に選んでいくようにしています。

ポイントは、「その人がもし日本語（あるいは英語）で話したらどのように話すか」と考えるのです。

たとえば講演ではよくスピーカーが、

I have a question for you.

と話しかける場面があります。

これをどう訳すか。

直訳なら「私はあなたたちにひとつの質問があります」ですが、あまりにも翻訳調です。しかも長い。同時通訳は話者に遅れずどんどん訳していかなくてはならないので、表現は簡潔にする必要があります。

ですから、「さて、ここで質問です」「ちょっとここで質問させてください」などと訳すことが多いです。

実は、

I have a question for you.

という言葉の後には必ず、

Raise your hand if you ～.

～という経験をしたことがある人は手を挙げてくだ

さい。

といった質問が続くのです。たとえば、

Raise your hand if you've ever played Monopoly before.

モノポリーというゲームで遊んだことがある人は手を挙げて。

Raise your hand if you know what it's like to be left alone.

ひとりぼっちになるさみしさを感じたことがある人は手を挙げて。

など。要は、次に質問が来ることがわかればいいわけです。そういう中で「さて、ここで質問です」は十分に話者の言葉を伝えたことになります。内容はすべて訳すけれども、使われた言葉をすべて訳すわけではないのです。

ここでも、大切になってくるのは「イメージ力」です。

自分がスピーカーの立場だったらどのような言葉を使って聴衆に語りかけるのかをイメージし、それを実際に日本語にしたことになります。

「私はあなたたちにひとつの質問があります」という「言葉にとらわれた表現」ではなく、「さて、ここで質問です」など、臨場感のある表現ができるようになるために、「イメージ力」が大切になってくるのです。

「レスポンス力」を鍛える

そして２番目にお伝えした能力「レスポンス力」について。

同時通訳に必要とされる能力が「反応力の高さ」、要は「レスポンス力」です。

人の話を聴いてすぐに別の言語でアウトプットするには、言語能力以上に「即座に反応する力」が絶対に必要です。

英語を聴いて理解し、それを日本語に訳すことは、あるレベル以上の英語力があればできます。

しかし、即座に反応する力がないと同時通訳はできません。

レスポンス力を鍛えるとは、反応力を高める、ということです。

「多少英語はわかる、自分の発している英語は通じてはいると思う。けれども会議でいろいろな人が英語で発言しているうちについていけなくなってしまう」とか「言葉遣いが平板な『習った英語』の域を脱していない」といった悩みを抱える人は、すべてこの「レスポンス力」を上げることに注力してください。

「もう少しゆっくりしゃべってください」とは言わなくていいようになりたい、スマートに会話に入っていきたい、もっとプロフェッショナルらしい英語を使えるようになりたい、こんな思いを叶《かな》えるのが「レスポンス力」です。

文法がわかると
レスポンススピードが上がる

同時通訳では、レスポンス力が必須の能力だとお話ししましたが、仕事など普段の英語のコミュニケーションでも、レスポンス力が問われます。

英語があまり話せないことがわかると、多少ゆっくり話してくれたり、こちらが話し終わるまで待ってくれたりするネイティブは確かにいます。

しかし、私の経験では、少しすると会話はナチュラルスピードになったり、こちらがつまっていると相手の集中力が切れてしまったりすることが多いです。相手の話に素早く反応して、こちらの言いたいことを言わなければ、誰にも言いたいことが伝わらない、というみじめな思いをすることになります。

つまり、ビジネスの現場でもレスポンス力が必要なのです。

通訳も、スピーカーの話を聴いて即座に訳しださなければならないので、日々この「レスポンス力」を上げることに努めています。私の経験では、空白の時間を3秒つくってしまうと、「同時通訳機材の電源が入っていないのではないか」と、聴いている人が不安になります。

そんな中で、文法事項を押さえておくことがレスポンス力を上げる第一歩だと思っています。

文法を理解していると英語の構造がわかっているので、どのような単語が使われるか予測がしやすくなり、その分レスポンスのスピードが速くなるのです。

レスポンススピードを上げるために重要な語彙力

また、レスポンス力を上げるためにもうひとつ重要視しているのが、**語彙力をつける**ことです。

同時通訳では、スピーカーの言葉に瞬時に反応して、ぴったりとくる表現を繰り出していかなければなりません。文法力を押さえることで文章の骨格をすぐに作り出し、その骨格の上に語彙、要は話の内容にぴったりとくる表現を乗せていくという感覚です。

語彙力をつけるためには、「たくさんの英語に触れて、それを自分のものにしていくこと」これに尽きます。英語を聴いたり、読んだりすることで触れ、まずはどんどん語彙を自分の中に取り込みます。そしてそれらを話したり、書いたりして実践で使ってみる。この繰り返しによって語彙力はつけられます。

語彙力をつけるためにしている勉強法は、3章でご紹介します。

「声優」のような通訳

以上、同時通訳をするにあたって、「イメージ力」と「レスポンス力」を使っていることをお伝えしました。では、実際にこのふたつの能力が合わさった通訳はどのようになるのか。

私の理想とする同時通訳は、あたかもスピーカーがその言語を話しているように聴こえる同時通訳です。聴いていて、自然にスッと意味がわかる通訳です。

別の言葉で表現するとすれば、「声優」のような通訳、ということになります。

海外ドラマやアニメの吹き替えは、まさに登場人物が本当に日本語を話しているように聴こえます。同様に、私もスピーカーが直接日本語（あるいは英語）で語りかけているような同時通訳を常々心がけています。「イメージ力」と「レスポンス力」を上げることでこのような通訳が実現できるのではないかと思っています。

そして通訳をするうえで忘れてはならないのは、**通訳はコミュニケーションのメディア（媒体）である、**ということです。話している人と聴いている人との間のコミュニケーションの橋渡しをしている、ということです。

そもそもお互いに言葉を発しているのは、コミュニケーションを取りたいからです。お互いに心を通わせ合いたいと思っているからです。同時通訳者はその間に立って橋渡しをするわけですから、息遣いや気持ちまでをも伝えたいと思っています。

講演では、スピーカーは自分の話している内容をよりストレートに聴衆に伝えるため、声のトーンや話の間《ま》を計算し、意識して話しています。

最初は穏やかに話していたのが、だんだん熱がこもってきて、話す速度も速くなったり、口調が力強くなったりします。重要な話をする前にはちょっと間を長めに置くといった演出もあります。また、盛り上がってくるとジェスチャーも大きくなってくるスピーカーもいます。

そんな思いのこもった話し方にまったく関係なく、ただ淡々と冷静な声で通訳をすると、聞き手は違和感を覚えます。ですから私は、話者の口調や雰囲気をも表現するよう心がけています。

話者が間をあけているときは、こちらも間をあけます。話者が興奮して早口になっているときは、こちらも同じように興奮した口調になります。

そして話者の身振り手振りが激しくなったときは、同じ動きを通訳ブースの中で行ないます。まさに「声優」に近い状態。そんなときは聴いているオーディエンス、会場も話者に同調している様子がブースからでもわかります。

話者の伝えたいことが伝わっている、パフォーマンスの高い通訳は、聴く側も臨場感が味わえるようなものにならなければならない、そう私は思っています。

英語を学習しているみなさんも、机の上での勉強をするだけではなく、実際に英語を声に出したり、文章に書いたりして積極的に人と関わっていただきたいと思います。

多少、英語を話している自分を「演じる」気持ちがあってもいいかもしれません。

「イメージ力」をつけ、「レスポンス力」を鍛えたら、実際に外に出てみて、使ってみてください。

英語で話す際も、暗記したものをただ吐き出すのではなく、相手に伝わるように気持ちを込めて話してみる。日本語のようにすらすらと最初は出てきません。けれどもそれをカバーするために気持ちを込めると、日本語を話しているときよりも顔の表情に動きが出るでしょう。日本語を話しているときよりも身振り手振りが大きくなるかもしれません。そして相手の話を聴く際は、相手の「間」も意識できるようになるかもしれません。

それが、いいのです。

そうすることで相手と気持ちが通じ合って、コミュニケーションがスムーズに行くのです。

みなさんにも、本書を通じて英語力を向上させ、そして心が通じ合うコミュニケーションを楽しんでもらえたら、と思っています。

話者と波動が合ったと感じるとき

同時通訳をしていると、相手の言おうとしている内容が予測でき、さらにその思いを伝える最適な日本語がわき出るような感覚になることがあります。まさに「媒体」としての私にスピーカーがうつり、別の言語で話しているような状態といえます。

通訳の仕事をするときは、「イメージ力」と「レスポンス力」を鍛えて、この状態になれるよう、日々勉強を積み重ねています。

フェイスブックの創業者のマーク・ザッカーバーグさんの来日講演では、まさにそのような体験をしました。

おもしろいことに講演後にザッカーバーグさんからも、

「とてもよく伝わる通訳だったね」

とほめていただきました。彼は日本語がわかるわけではないので、私がきっちりと訳せたかどうかは判断できないはずです。

それでも、聴いている人の反応を見たり、私の動きを見たりして、自分の思いが伝わったと思ってくれたのだとありがたく思っています。

実際の話、スピーカーには通訳が何を言っているかはわかりません。はたして通訳が自分の伝えたいことを本当に正確に訳しているかは確認できないわけです。

通訳の出来を推測するバロメーターが会場の反応です。

熱く語ったときに聴衆が引き込まれているか、ジョークを言ったときに笑いが起きるかといったことで判断している方が多いでしょう。ザッカーバーグさんはさらに私の口調やトーン、間の取り方から「自分の言いたいことを正確に伝えてくれている」と感じてくださったようでした。

自分の話す内容に強い確信を持ち、かつそのメッセージを目の前にいる聴衆に確実に伝えたい、目の前にいる聴衆にわかってほしいと願っているスピーカーの情熱は、通訳者には一番に伝わってきます。その情熱をしっかりと聴いている人に伝えたいと日々思っています。

2
章

まず押さえておきたい英語学習の3ステップ

この章では、「インプット」「アウトプット」「継続」という英語学習の3ステップと、「イメージ力」「レスポンス力」の関係について説明します。では、ここで問題です。

quiz

3

「英語は速くて聴き取れない」と思っている人が多いですが、それは誤解です。英語は「速い」のではなく、「●い」のです。●に入る漢字は何でしょう?

quiz

4

英文雑誌の購読が3日坊主に終わらないために、雑誌が届いたらまずやるべきことは何でしょう？（とてもシンプルなことです）

ツイッターを利用した毎日行なえる学習法や、英語初心者が絶対口にしてはいけないフレーズについてもご説明します。
＊ quiz の答えはそれぞれ 51、94 ページをご覧ください。

英語学習の柱はインプット、アウトプット、そして継続

前章では、同時通訳者が大事にしている「イメージ力」と「レスポンス力」というふたつの力について説明しました。

ここからは、具体的な英語学習法を説明しながら、それぞれがどちらを鍛える学習法なのか、説明していきたいと思います。

まず、この章では英語学習の基本を説明しながら、ふたつの力との関係を解き明かします。

そして次の３章では、同時通訳者が実践している、いわば英語のプロの学習法に即して説明します。

まず、英語学習の基本的な考え方をお伝えします。

英語力をつけるには、この３つのステップを繰り返していくこと。それに尽きるのです。

1、インプットすること。

2、アウトプットすること。

そして**3、このサイクルを繰り返し継続すること**です。

インプットは、単語や熟語や言い回し、文法などさまざまな英語の知識を吸収すること。英語の音声や発音がどうであるかを知ることも含まれます。

要は「知る」学習です。読むこと（リーディング）や聴くこと（リスニング）といった外からのメッセージを受け取る「受信型」のスキルの勉強は、基本的にインプットです。

アウトプットは、インプットした英語の知識を使って、実際に英語で人と話してみたり、英文メールを書いてみたりすること。

要は「使う」学習です。話すこと（スピーキング）、書くこと（ライティング）といった自らメッセージを送る「発信型」のスキルの勉強がアウトプットです。

インプットをしたら、アウトプットをする、そこから得た学び（「通じた！」とか「本当はこういう言い方がよかったのか」といったこと）をまたインプットして、その情報をまたアウトプット……と、このサイクルを繰り返し、継続的に回していくのです。

英語学習はまずインプットから始まります。文法や語彙、要は単語、表現、そしてその音声を知らなければ、英語を読むことも聴くことも、話すことも書くこともできません。

このインプットをしっかりとすることが「レスポンス力」につながってくるのです。

インプットしたら、次のステップがアウトプットです。

インプットした知識は実際に使わなくては身につきません。知識として「ふむふむなるほど」と理解しただけでは、実際に英語を使えることにはなりません。

また、日本人が不足しているとされる英語のコミュニケーション力は、実際に英語で話したり書いたりといったアウトプット練習をすることでしか身につきません。インプットした英語はどんどんアウトプットしましょう。

アウトプットも、「レスポンス力」を強くします。

ちなみに、ステップとしてはまずはインプットがあり、その後にアウトプットがありますが、これはインプットの時期があって、次にアウトプットの時期がくるという意味ではありません。

できれば**インプット、アウトプットの勉強は両方を並行して行ないましょう。**

ひとつの単語、ひとつの表現をインプットしたら、その後に例文を作って言ってみるなどのアウトプット

インプットとアウトプットのサイクルを繰り返します

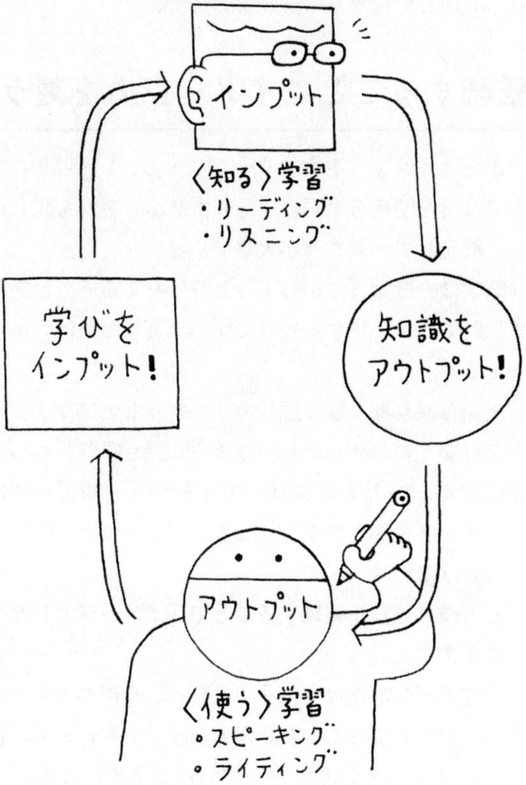

練習をする――このように、インプット、アウトプットを交互にバランスよく勉強するのがポイントです。

特にビギナーの方は、インプットとアウトプットをセットにして行なうのが効果的です。

継続することでイメージ力を養う

ただ、インプットもアウトプットも、1回限りの練習ではまだ使える英語にはなりません。それを繰り返し、継続していくことが大事です。

語学は一度覚えて、ちょっと使ったくらいでは絶対に忘れてしまいます。残念ですが事実なので仕方がありません。

だから繰り返し繰り返し、インプットとアウトプットを行なうのです。新しい表現や知識も吸収しつつ、以前学んだことも復習し、アウトプット練習を続ける。インプットとアウトプットをバランスよく回しながら続けていく……。

この**繰り返しを継続することで「イメージ力」がついてきます。**

一度暗記しただけではすぐに忘れ、表現がイメージとして定着しません。英語学習を継続することで、言葉をイメージとしてとらえていけるようになるのです。

このように文字にしてみると地道な勉強法ですが、これが一番効果的なのです。

同時通訳者はインプットとアウトプットを毎日行なっている

実は通訳という仕事は、それ自体が「理想的英語学習」のサイクルになっています。

仕事の前に専門用語などの資料をいただき、しっかりインプットしたら、すぐにそれを仕事の場で使いこなすという真剣勝負が待っています。究極のアウトプットといえるかもしれません。

したがって、仕事の前には専門用語などを一生懸命インプットし、そして何度も口に出してアウトプット練習をします。

なにより仕事当日、心地よい緊張感の中、インプットした言葉をアウトプットするわけですから、英語でコミュニケーションをする力が格段に上がっていくのです。そして、また翌日の仕事に向けてインプット、アウトプットを続けていく……。

同時通訳の仕事をしていると、いやでも**日々英語力**

向上の3大ポイント「インプット・アウトプット・継続」を実現してしまうのです。

特に「仕事で使わなくてはならない」というプレッシャーが英語の吸収力を高めているように思います。

実はこの「同時通訳型英語学習」は、社会人のみなさんも実行できます。英文メールのやりとりをしなくてはならない、英語でのミーティングやプレゼンテーションがある、海外からのスタッフのアテンドをする……など仕事で英語を使う機会は、実は絶好のインプット＆アウトプットの練習の場なのです。英語会議に向けて自分なりにインプット＆アウトプット学習を続け、会議の本番では発言者の英語表現をインプットし、頑張って発言してアウトプット。さらに会議後に復習をする……ということを続けていけば、英語の吸収力が変わってきます。

かっこいい英文表現に触れたら、すぐにメモして使ってみる

会議中に周りの人が発した英語のうち、「かっこいい言い回しだな」とか「このひと言で会議の雰囲気が前向きになったな」といった表現をメモしておき、機会があれば自分が使ってみる、というインプット・ア

ウトプット学習もあります。

これは実際に私が取り入れている方法です。エグゼクティブの通訳をするときは、エグゼクティブならではの表現や聴いている人がぐっと引き込まれるような表現はその場でメモして覚えておきます。

そして、自分が英語を使う段になったら、その言い回しや単語を使うのです。このようにして、聴いている人の心に届く表現を使って仕事の評価も受けてきたのかな、と思います。

そして今でも私は、この学習方法を続けています。

同時通訳者になる前、商社で仕事をしているときのことですが、出会った表現の数々をメモして、自分でも使えるときが来たら実際に使っていました。それを繰り返すことで、英語での会議や交渉、プレゼンテーションなどに生かしていました。

実践を通して、「イメージ力」と「レスポンス力」を養ってきたのです。

たとえば価格交渉をしていた際に、先方が、

This wouldn't work for us.

と言いました。値段が高すぎたのです。

こういった表現を聴いたときには、イメージで「こ

れはちょっと難しそうですね」というようなことを言っているのだな、と感じました。

これを、

Please make it cheaper.

安くしてください。

とか、

This is too expensive.

高すぎます。

といった表現にすると露骨なのです。

高いとか安いとか、まけろとか言うのではなく、それではうまくいかない、といった表現を聴いて、なんてスマートな言い方なんだ、と思ったわけです。

そして、これらメモった表現は、次に自分が使えそうな場面になったらすぐに使っていました。

この学習方法はなにより、仕事で使う実践的な英語表現が直接身につくという点で効率的です。

ビジネス英語の教材を使ってインプット＆アウトプットするのも大切ですが、仕事で英語を使う機会がある方はその仕事の現場を、直接英語学習のサイクルに取り込んでみてはいかがでしょうか。

英語は速いのではなく短い。ただそれだけ

インプットの段階で苦手意識を持つ人が多いのが、「リスニング」です。

しかし、リスニング力をつけることは、「イメージ力」を高めるうえでも「レスポンス力」を高めるうえでも重要です。まずは聴き取れないことには、英語を頭に入れることができないからです。

「実際の英語は速くて聴き取れない」という人が誤解していること。

それは、**英語は「速い」のではなく、「短い」のです。**

これを理解するだけでも、リスニングの負担はぐっと減らせます。

たとえば **orange juice**。

日本語読みにすると「オレンジジュース」。音にすると「オレンジジュース」、7つです。

でも英語では「オレ（ン）ジュー」音は3つなのです。

日本語で発想して、7つの音すべてを聴き取ろうとするから聴き取れないのです。

英語には、英語の音があります。日本語の音とは違うのです。

ほかにも、私たち日本人には認識しづらい英語の音があります。それらを解説してある市販の書籍をご紹介しましょう。

『英語リスニングのお医者さん』（The Japan Times）というCD付きの書籍です。英文が聴き取れない原因を分析し、聴き取るためのコツが原因ごとにドリルのようになっています。リスニングに関しては、これ1冊の内容をまずは完全に聴き取れるようにする、というつもりで取り組めば十分です。

後述しますが、**リスニング力は実は「リスニング、リーディング、スピーキング、ライティング」という4つの英語技能のうち一番短期間でネイティブ並の力に近づけます。**

「英語は速いのではなく短い。ただそれだけ」

リスニングの苦手意識を克服していきましょう。

実際に「使える」文法学習

1章で、「レスポンス力」をつけるには文法力をつけようとお伝えしました（30ページ参照）。ここでは、具体的に文法の何を知っておいたら実践で「使える」のか、という話をします。

実はなにも文法書をそのまま暗記しろ、という話ではありません。よく使う言い回しの「形」を押さえて、それを応用できるようになるのが大切なのです。難しい話ではありません。

まずは、

1　必ず「主語」と「述語」がある。
2　時制では現在形と過去形を押さえる。

この2点から始めてください。

社会人のみなさんは、英語の基本ルールは中学高校で一度は勉強したはずですが、「あまりよく覚えていない」「勉強はしたけれどよくわかっていない部分がある」という方もいるかもしれません。

そこで、必要に応じて文法の復習や確認をするため、文法書を1冊用意することをお勧めします。英語の構造について研究するわけではないですから、言語学の研究書のような分厚くて詳しい文法書は必要ありません。

英語でコミュニケーションをとるために必要なルールだけ学べればいいので、基本的な英語のルールをコンパクトにまとめた本が１冊あれば十分です。１冊の内容をざっと読んで復習しておくとよいでしょう。とりあえず、すぐ手に取れるところに置いておきましょう。

ほとんど文法は覚えていないけれど、とりあえずは少し話せるレベルになりたい、という方にお勧めしているのは『これで話せる英会話の基本文型87』（ベレ出版）です。

文法書は基本ルールを確認するためのもの。あまり文法理論を細かく分析する必要はありません。

I と we は意識的に使い分ける

では、実際に「文法」をどうとらえるか。

文法学習は、文章を細かく分解して考えないことが大事です。

つまり、文やフレーズなどを丸ごと１セットとして覚えること。そのかたまりの意味と使用法を押さえることから始めます。そのかたまりをスムーズに声に出して言えるようになったら、主語を変えるなどして応用させていきましょう。

たとえば、主語+動詞といったシンプルな形の文を覚えます。

The meeting starts at 10.

会議は10時に始まります。

これを覚えて、言えるようになったら、

The video conference starts at 5.

ビデオ・カンファレンス（テレビ会議）は5時に始まります。

などと、自分の日々のシチュエーションに合わせて変えていくのです。

自分のことを話すような言い回しはどうするか。ビジネスの場で必要になってくる言い回しの基本的な文法事項でいうと、自分のことを話すには、

I'm -

I'm going to - / I will

会社として話すのであれば、

We're -

We're going to - / We will

あとは、

It's -

That's -

などから押さえます。

この中でも、**I** と **we** の使い分けだけは押さえておいてください。

I は自分個人がどうするか、という話に使え、**we** は会社としての見解を伝えるときに使います。たとえば同僚や上司などにメールであるファイルを送らなければならないときなどに、

I will send the files to you this afternoon. といえば、「午後にはファイルをお送りします」というように、自分の仕事について言及していることになります。

We will send the files to you this afternoon.

午後にはファイルをお送りします。

とすると、日本語訳は同じですが取引先などに対して、自分の会社から相手の会社にファイルを送る、というニュアンスになり、フォーマル度合が高まります。

E メールや普段の会話で **I** と **we** を意識して使い分けるだけでも、ぐっと洗練された社会人という印象を与えられるのです。

「〜してください」にpleaseの多用はよくない

文法に関しては、あとひとつ押さえておいていただきたいのは**could**です。

couldは丁寧な依頼の表現、と覚えます。

Could I - ? / Can I - ?

Could you - ? / Can you - ?

couldとか**would**とかが出てくるとそれだけで拒否反応を起こしてしまう、という方もご安心を。過去形の形をしているのに、なんで過去のことを言わないのだ？　と思ってしまいますが、その気持ちを抑えてこれだけ押さえておきましょう。

Could I have a minute?

少しお時間よろしいでしょうか。

上司などに何か相談したいときに使える丁寧な表現です。

同僚など日々会っているような間柄であれば、

Can I have a minute?

ちょっといいかな。

となるわけです。

Could you give us some feedback?

フィードバックをいただけますか。

取引先にプレゼンをしたあとや、資料のドラフト（草稿、下書き）を上司などに見てもらった際、日本語で言う「どうですかね」といったニュアンスで使えます。漠然と **What do you think?** と尋ねるよりも、具体的なフィードバックが聞ける可能性が高まります。

そして、文法は多少わかっているつもり、という中級者以上に押さえてもらいたいのがもうひとつの **could** の使い方。

It would be great if you could - .
〜していただけるとありがたいです。
Do you think you could - ?
〜していただけませんか。
などの依頼の表現です。

余談ですが、普段仕事などのコミュニケーションは、どうしても相手に何かしてもらいたい、という依頼の表現が多くなります。そんなときに「〜してください」という日本語から発想すると **please** を使いたくなります。

しかし、私はあまり **please** の多用はお勧めしません。**please** 一辺倒だと表現もワンパターンになります。また言い方によっては慇懃《いんぎん》無礼《ぶれい》になったり、へりくだりすぎている印象を与えてしまったりします。

依頼の表現などについては、『ビジネスパーソンの英文メール術』（ディスカヴァー・トゥエンティワン）や『関谷英里子のビジネスに効く！ポジティブ英語』（NHK出版）をご参照ください。

職場などではたとえば、

It would be great if you could finish the draft by Monday morning.

ドラフトを月曜日の朝までに終えていただけるとありがたいです。

Do you think you could come to the Meeting Room?

会議室にいらしていただけませんか。

といった具合に使います。

It would be great if you could - . も **Do you think you could - ?** も **could** という形になっていますが、そのあとに原形 **finish the draft / come to the Meeting Room** とつなげれば簡単に依頼の表現になります。

こなれた印象を相手に与えられますので、メールや会話の中で使ってみましょう。

すぐに口が回らない、という方はこの例文を声に出して練習しておきましょう。

レスポンス力を高めるためにも、このくらいの文は一息に言えるように口をならしてください。

普段使いの文法としては、このあたりを駆使することから始めていきましょう。

英語という素敵な街を楽しむ案内書が「文法書」

文法学習について、日ごろから私が思っていることがあります。

文法書はいわばガイドブック。英語という素敵な街を楽しむための案内書だと考えてください。観光スポットへの行き方を示してくれたり、それぞれの場所の詳しい説明をしてくれたりします。

しかしガイドブックばかり読んでいたら、実際の景色も見られないし、おいしい食べ物を食べられません。旅行先では自分の足であちこち歩きまわり、迷いそうになったらガイドブックを取り出すのが基本です。そして「目の前の教会は歴史ある有名な教会なのか」と納得する。

英語も同じです。自分はいま英語の旅に出ているのだと思いましょう。実際に英語を話してみたり、書いてみたり、読んでみたりしながら、迷うことがあったら「文法書」というガイドブックを開きましょう。

語彙力をインプットして「レスポンス力」を鍛える

「レスポンス力」を上げるのに重要なのが、語彙力をつけることだと先ほどお伝えしました（31ページ参照）。

社会人は、基本的な語彙・表現に加えて、ビジネスで使う単語や表現を重点的にインプットする必要があります。

私も実際に社会人になってから、ビジネス英語の洗礼を受けました。大学卒業までは英語を「勉強」としてとらえ、テストではよい点数を取ってきました。自分では英語はできるという自負がありましたが、実際にビジネスの世界で要求される語彙や用法は学校で勉強したそれから、さらに進化した内容でした。

手前味噌になりますが、そんな経験をまとめ、ビジネスに必要な用語に絞って解説した『カリスマ同時通訳者が教えるビジネスパーソンの英単語帳』（ディスカヴァー・トゥエンティワン）やNHKラジオ講座をまとめた『ビジネスに効く英単語101』（NHK出版）など、ビジネスで使うと相手に「響く」単語をまとめた書籍がありますので、参考にしていただけるとうれしいです。

語彙力をまずインプットすることで、「レスポンス力」を鍛えます。これらをアウトプットして、繰り返し継続することで「イメージ力」に昇華させていきます。「イメージ力」につながるような学習方法は3章で取り扱います。

TOEICをインプット学習として有効活用する

今、英語資格といえばTOEICですね。2014年度には日本のTOEIC受験者数は240万人にも上っており、今後もしばらくは増え続けることが予想されます。

会社の規定でTOEICを受験しなくてはならないとか、昇進のために必要なスコアを取らなくてはならないとか、それぞれの事情もあるでしょう。TOEIC試験というと多少憂鬱《ゆううつ》な気持ちになるかもしれません。

ただ、**見方を変えればTOEIC試験はインプット学習のためには非常に便利なツールなのです。**

TOEIC試験はリスニングセクションとリーディン

グセクションで構成されています。語彙や表現、文法や語法の知識、リーディング力、リスニング力など、TOEIC 試験のための勉強はまさにインプット学習ができます。

しかも TOEIC の問題はビジネス向けの内容ですから、ビジネスパーソンが身につけるべき語彙や表現を勉強できます。一方、大学受験向けの細かい文法項目や、ビジネスでは使わない文学的語彙は出てきません。

社会人になって英語はかなり忘れてしまったという人、もともと英語は苦手で基礎から学び直す必要があるという人にしても、TOEIC 試験の勉強ならビジネス英語コミュニケーションに最初からフォーカスした状態で、効率的に英語をインプットできるでしょう。

仕事で英語が必要になっているけれど、どんな参考書を使ってどのように勉強していいかわからないという方はとりあえず、TOEIC の勉強を集中してされるとよいと思います。

ただ、TOEIC を実用英語に生かす勉強法と、TOEIC でひたすら高得点を狙う勉強法は、多少違うところがあります。

TOEIC を実用英語に生かす勉強法は、TOEIC をインプット学習の一環としてとらえる方法です。そして自分の「レスポンス力」を高める基盤づくりとして考えます。

リスニングセクションもリーディングセクションも、すべての問題を解くのは時間との闘いだと言われています。規定の時間内に全問を解くのが最初の難関です。

リスニングセクションについては、聴いた内容から瞬時に問題の意図を読み取って解答していかなければなりません。

リーディングセクションについては、全問を時間内に解くには、問題文を読んで即座に正答を判断する力が試されます。

またセクション5と6の穴埋め文法問題は、文法の基礎固めにはとてもいい練習になります。この穴埋め問題は「選択肢から正解を選ぶ」のではありません。穴埋め問題の文を読んだら正解が頭の中に浮かんで、その正解を選択肢の中からみつける、というくらいまでになると英語力のレスポンススピードも格段に上がっているはずです。

文法書を読む、ということだけではなく実際に文法を身につけるためにこのセクション5と6の部分の問題集を解く、ということが、レスポンス力を上げる基盤づくりになるのです。

「レスポンス力を上げるためのTOEIC」としてとらえるのであれば600-700点くらいを取れた段階で、アウトプットであるスピーキング力やライティング力を高める、といったより包括的な英語学習法に切り替えてください。

高得点獲得が目的の勉強法も存在する

一方で、では、TOEICで高得点を狙う勉強法とは何か。それはテスト勉強です。

職場である一定の点数が求められていて、短期間で高得点を目指す人は「テスト勉強」をすることになります。800点や900点以上を取るのであれば、たとえば自己紹介文を作ってそれを言えるように暗記したり、英文Eメールライティングをしたり、という学習法は実際、遠回りになってしまう可能性があります。話したり、書いたり、あるいは英語のラジオ放送を聴いたり、英語で映画を見たり、といったことも点数には直結しないでしょう。

TOEICで高得点を取るためには、まず自分の苦手分野を認識し克服すること。苦手なところがあれば結局そこが足かせとなり点数は伸びません。

自分の苦手分野を徹底的に克服すること。

TOEICの問題集を解き、TOEICに頻出する問題の傾向を押さえること。

これらを通して、点数を高めてください。

必要スコアを取ったら TOEICは卒業しよう

実践で英語を使う、ということであれば、私は必要なスコアを取ったらTOEICは卒業する、という心づもりがいいと思っています。

TOEICの受験テクニックを研ぎ澄ましたところで、それが実践で使える英語力の向上につながるか、といったらつながりません。試験はあくまでも試験であり、TOEICのリスニング・リーディングテストはあくまでもインプット能力向上にすぎないからです。総合的な英語力を上げるには、そこにアウトプットであるスピーキングとライティングの要素も合わせていかなければなりません。

多くの企業がTOEICを採用し受験者が増える中、一部に本来のビジネスで使えるような実用的な英語の勉強ではなく、スコアアップのみを目指し、受験テクニックを中心に学ぶ傾向が目立ってきました。

たとえば、ディクテーション（160ページ参照）、シャドーイング（107ページ参照）やリピーティング（116ページ参照）といった英語の王道の勉強法は、時間がかかり、かつスコアアップの観点からは効率的ではないため、やらなくなってしまいます。

このように受験テクニックを重視する結果、TOEICのスコアは上がっても英語力はさほど上がっていない、といった事態も、一部には残念ながらあるのです。

さらに、すでに会社が求めているスコアは達成しているにもかかわらず、さらなる高得点を目指して、「スコアアップ」のための勉強に熱中する人が結構います。

会社では700点が要求スコアだったのにもかかわらず、700点の次は780点、それを達成したら800点、ひいては900点突破を目指し、さらに950点、そして990点満点……と限りなくハイスコアを目指す「TOEIC道」にはまりこんでしまっている印象を受けます。

英語に関する仕事についているとか、TOEICが10点でも高いほうが仕事に有利であるとかの特殊な状況ではないのであれば、どこかの段階で、自分で線を引き、「TOEICから卒業する」という決断をしてください。

英語学習の本来の目的は、実践で使える英語のコミュニケーション力を身につけるということです。昇進、昇給などに必要な目標スコアを達成したら、TOEICは卒業して、本来の英語コミュニケーション力を高める勉強に切り替えましょう。

アウトプットのレスポンス力を上げるには、S&Wテスト

テストで高得点を目指すというのは、たしかに学習意欲をかきたてる、モチベーションを高める効果はあります。

ただし、目標スコアを達成したらTOEICは卒業してコミュニケーション力を高める英語学習を、と述べました。インプットをしたらアウトプットをする、この一環で使えるのがTOEICのS&Wテスト（スピーキング&ライティングテスト）です。

通常のTOEICはリーディングとリスニングのテストですが、S&Wテストは文字どおりスピーキングとライティング。発信型のスキルの能力を判定してくれ

S&Wテストを、
アウトプットの場として活用しましょう

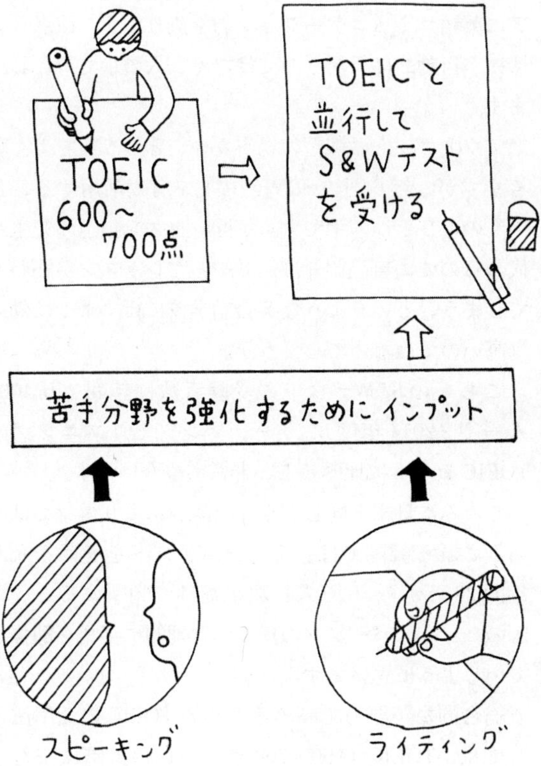

ます。

コンピュータを通してですが、質問に答えたり、あるテーマについて意見を述べたり、Eメールの返事やエッセーを書く、などかなり本格的な内容です。シビアに英語コミュニケーション力を測れます。採点も、機械が自動的に行なうのではなく、人の手で行なわれます。

アウトプットの練習の場がない、という声をよく聴きますが、年6回のS&Wテストを有効活用する、というのもひとつの手です。毎回レッスン担当の先生が代わるので、自己紹介ばかりやってレッスンが終わってしまう、というような英会話学校に行くよりは効果は高いのではないでしょうか。

こちらのS&Wテストの受験者数は年間2万4000人程度（2014年度）。リーディングとリスニングのTOEICテストに比べると、非常に少ないです。

ちなみに日本と同じように英語があまり得意ではないとされる韓国では、今、S&Wテストを受ける人が年間20万から30万人。数字だけで判断すると、韓国のビジネスパーソンのほうが合理的に英語を勉強しているように思います。

総合的な英語力を高めるためのTOEICの活用法としては、TOEICで600-700点くらいの段階に来たら並行してS&Wテストを受けていくことです。ある程度のインプットができてきたら、それをアウトプットする、双方の試験の結果を踏まえながら苦手分野を強化し、さらにアウトプットできるようにインプットをする……この繰り返しで結果的に両方のテストのスコアが上がっていき、英語力自体も上がっていきます。

リスニング力は、練習次第でネイティブ並みになれる

日本の英語学習者はインプット練習にはとても熱心な一方、アウトプット練習には消極的な印象を受けます。英語の勉強本を読んだり、リスニング教材を通勤電車で聴いたりして、英語をやったつもりになってしまっていませんか。

なにもインプット学習をおろそかにしろ、と言っているわけではありません。インプット学習をコツコツ続けるのは大前提です。コツコツ続けた結果、特にめざましく進歩するのがリスニング力です。

学生時代にリスニングの勉強をあまりしてこなかった社会人の多くは、リスニングに苦手意識を持っています。

しかし、リスニングは受け身（**passive**、受動的）な

学習でひとりでもできるので、続ければ飛躍的に伸びます。

人を巻き込むようなスピーチやプレゼンテーションができるスピーキング力、新聞記事のようなしっかりとした文を書けるライティング力。これらは、いくら勉強しても、たどりつくのはなかなか難しいです。

ネイティブスピーカーであっても難しいと感じることですから、英語学習者の我々がそのレベルを目指すのは難しいし、目指さなくてもいいのです。

でもリスニング力は、コツさえつかめれば、ネイティブスピーカーが聴き取れる英語がだいたい聴き取れるレベルにまで持っていくことは、さほど難しくありません。

アウトプットの練習不足！

一方、アウトプット練習は自分で英語表現を作り出さなくてはならない **active**（能動的）な学習です。こちらはネイティブスピーカー並みになるのは難しいからといって、投げ出すわけにはいきません。

なかなか機会がない、という事情もあるでしょう。ただ、「機会がない」とか「自分は通勤電車でリスニング教材を聴いているからそれでいい」とはいきませんね。

総合的な英語力をつけ、コミュニケーションで生かしていくには、アウトプットが欠かせません。

まずは本に出てくる例文を声に出して読む、というところからでもいいです。リスニング教材のあとに続いて、テキストを見ずに英文を繰り返す、ということでもかまいません。実際にやってみたら意外に口がまわらないな、とか、**introduce**という単語は発音しづらいな、とか、気づくところがあるでしょう。

そうしたら、そこをスムーズに言えるようになるところから始めるのです。

インプット学習に熱心で、実にたくさんの単語や表現を知っているのに、なかなか英語が話せない、英語でのコミュニケーションが苦手という人は、アウトプット練習が不足しているのです。

アウトプットはなにも外国人相手に話す、ということだけではありません。少しでも英語を声に出す、そこから始めることで、アウトプット練習にもっと積極的に取り組みましょう。

英語を「勉強」ととらえてはダメ

機会がない、ということ以外に日本人がアウトプット練習に消極的な大きな理由は、「間違えてはいけない」と思うからです。英語をいまだに「勉強」だと考えてしまっているからです。

勉強と考えると、どうしても「テスト」感覚になります。100点満点を目指そうとします。満点達成のため細かく知識を身につけようとして、インプット中心の学習になってしまうのです。

アウトプットにおいては、100点満点を目指そうとすると間違ってはいけないというプレッシャーが重くのしかかります。結果的に、間違うことを恐れるあまり、アウトプット練習自体を避けてしまうのです。

まず、**英語を「勉強」としてとらえることをやめましょう。**

ひたすらインプットして、インプットで100点満点を取ってからアウトプットの練習を始めようとしているような方が目立ちます。

少しでも英語を知っていれば、知っている範囲の英語でコミュニケーションを取ればいいのです。表現は限られますが、あいさつや簡単な自己紹介ならできるはずです。まず少しでもインプットしたら、それをベースにアウトプットすることが大切なのです。間違えてもいいのです。

いえ、間違えることで、正しい表現の仕方を学ぶことができます。**間違えることはむしろ英語力アップのチャンスです。**

そして、少しでも英語を話せるのであれば堂々としていてください。

英語初心者が絶対言ってはいけないふたつのフレーズ

英語を始めたばかりの人があいさつのときに、

I'm sorry. I can't speak English.

申し訳ありません。私は英語が話せません。

I'm sorry. My English is very poor.

申し訳ありません。英語が下手なのです。

と言います。これ、まずやめてください。

理由はふたつあります。ひとつは少しでも英語を話しているのだから、相手は「でも英語をしゃべっているではないか」と思います。

日本びいきの人なら「この人は謙遜《けんそん》しているのかな」と見てくれますが、そうではない人からしてみたら、英語が話せるように見えるのに話せないという不誠実に映る場合もあります。「英語が話せない」ということで自分と話したくないのか、避けているのか、と思われてしまいます。

もうひとつは英語がしゃべれない、とか英語が苦手だ、と言ってしまうことで、自分の可能性にふたをしてしまうからです。

毎回英語を話す機会が来るたびに「私は英語ができません」と言っていたら、そこから成長できません。

ひとことふたこと話せば、あなたが英語が苦手そうだ、ということは相手にも伝わります。

けれども「この人は、私に一生懸命英語で何かを伝えたいと思ってくれている」ということが相手の心を打つのです。たどたどしくても、母国語ではない言語でわざわざ話してくれている、ということに相手は感謝するのです。

だから、今後はアウトプットの機会に **My English is very poor.** と言うのをやめてください。

少しずつでもいいから、楽しそうにかつ一生懸命に、自分のこと、仕事のこと、日本のこと、なんでもいいので話してください。

自己紹介を英語でしてみる

最初は、

Hello, I'm Masa. Nice to meet you.

こんにちは、マサです。はじめまして。

I'm the sales manager for this region.

この地域の営業マネージャーです。

というところから始めます。あいさつ＋ひと言自分のことが言える状態です。

相手のことも少し言えるといいですね。

We like your product very much. It's selling very well.

われわれは御社の商品がとても気に入っているんですよ。とてもよく売れています。

2回目に会ったときには、

Good to see you again. How've you been?

またお会いできてうれしいです。お元気でしたか。

これをすらすら笑顔で言えるようになりましょう。

英文としてはごく基本的なものですが、笑顔で余裕をもって言えるようになるまで練習してください。また相手の言った言葉もできる範囲でメモをするのも学習です。それを自分の語彙として取り入れて、次にそれを使えるようにする練習をします。

インプット→アウトプットというサイクルを地道に継続して、コミュニケーション力を身につけていきましょう。

間違えた後のフィードバックを生かすことが大事

日本人がアウトプット練習に消極的な大きな理由は「間違えることを恐れる」気持ちが強いからです。「間違えたら恥ずかしい」「正しい言葉で話さなくてはいけない」という思いが大きなバリアになって、アウトプット練習から逃げ腰になってしまうのです。

でも、アウトプット練習はたくさん間違えるのが当然です。そのことは全然恥ずかしいことではありません。むしろたくさん間違えて、間違いを指摘してもらうことで、正しい英語を身につけていけるわけで、**間違えることは上達への第一歩です。**

大切なのはむしろ間違えた後の「フィードバックを生かすこと」です。間違えてしまったことで落ち込むのではなく、間違えた点を分析し、適切な表現を学びましょう。

誰も指摘してくれなくても「あ、あのときはもっとこう言えばよかったのか」と自分で思い当たるふしも出てきます。そこから学べばいいのです。まず何かを発信しないかぎり、学びは生まれません。

英語は楽器やスポーツと同じだと考えてみるとよいかもしれません。ピアノで曲の練習をするときに楽譜は読めても、練習していないと指が動かなくてうまく弾《ひ》けません。

クロールの息継ぎの仕方は先生に教わったけれど、最初のうちは頭が沈んで息は吸えず水を飲んでしまいます。

結局、練習を一生懸命やって、失敗しながらピアノの曲が弾けるようになったり、クロールで50メートル泳げるようになったりします。英語も同じです。失敗は恥ずかしいことではないし、最初から正しく話せなくていいのです。

もともとコミュニケーションにはひとつの正解があるわけではなく、たくさんの正解があります。そして最初は「通じればOK」なのです。間違った単語を使っても時制が違っていても、相手に理解してもらえばOKです。そこからスタートします。

徐々にテクニックを身につけながら、より円滑なコミュニケーションができるようになっていけばいいのです。

自己紹介がうまく通じないときは、フルネームを言わなくてもいい

よくあるパターンは、まず日本人は声が小さくて早

口になりがち、ということです。

間違えたら恥ずかしいし、周りの人はぺらぺらとしゃべっているので、自分もそうしなければ、と思って語尾をぼかしながら小声で早口で言ったら、正しい英語でも相手には聴き取れません。

そして、「は？」というレスポンスを受けて自信を喪失し、ひるんでしまう人がいます。

そんなときは、**まず普段よりも大きな声でゆっくりはっきり、発音しましょう**。相手の目をしっかりと見つめながら、堂々としている振りをするだけでも、相手への印象がよくなり、相手も聴き取りやすいです。おじぎをしながら、相手の目を見ずに早口で話すのはやめましょう。

自己紹介のときには、フルネームを言わなくてもいいです。特に日本人の名前は、海外の人からしたら聴き取りにくいし、言いにくい。よって、覚えにくい。

Hello, my name is Tomohisa Kamaguchi.

と言っても、相手は絶対に一度では覚えてくれません（このカマグチトモヒサさんは私の大学時代の先輩の名前です。典型的な外国人に覚えられない名前だなと思ってご本人の承諾を得て使っています。使用する主旨を話したら「そうだろー、フルネームを誰も覚えてくれないんだよー」と笑っていました)。

その代わりに、

Hi, I'm Tom. Nice to meet you!

と堂々と笑顔で、相手をしっかりと見つめながらがっちり握手すれば一気に打ち解けた雰囲気になります。トモヒサを省略して**Tom**なんて日本人なのに恥ずかしい、と思う人は**Hi, I'm Tomo.**でもいいでしょう。

仕事などで会う場合は、連絡先交換のために名刺の交換やメールアドレスだけでも交換する機会も多いので、この場で一度に自分の正式なフルネームを覚えてもらおうと思わなくていいのです。

ビジネスの現場でフィードバック。私の実体験をお教えします

中級者以上は、通じなかったときは何が通じなかったのか、どうすればよかったのかを考えましょう。間違えてしまった箇所などは軽くメモしておいてもいいでしょう。しっかり確認して次に生かせるようにしましょう。

取引先からの要望やお客さんからの苦情があったら、必ず関係部署にフィードバックして、対応を考えるはずです。その対応によっては、取引先との契約が

成立したり、商品の売上が伸びたりするのですから。同じようにアウトプット練習で間違えたら、フィードバック、そしてその後の対策が大事なのです。

商社に勤務していた頃、私は取引先とのミーティングの席で、次に話し合うべき問題を切りだそうとして、

So, let's move on to the next problem.

次の問題に移りましょう。

という表現を使ったところ、相手を激怒させてしまった、というエピソードがあります。

日本語訳をみたら、さほど問題があるようにも思えません。が、ここで決定的だったのは **problem** という単語を使った点。**problem** には深刻な問題、ネガティブで厄介な難題というニュアンスがあります。

よって相手は「こちらは **problem** を起こしていない」という態度になり、話が一向に進まず、その場が凍りついてしまいました。

この経験から、日本語でいうところの「次の問題、あるいは次の課題」と言いたいときには **issue** や **topic** という言葉を使えばいいことを知りました。気まずい経験をしてもタダでは起きません。そこから何か学びを得られるような「打たれ強い」マインドを持ちましょう。

もうひとつ、私のエピソードで言えば商社で新人時代に初めての海外出張で、取引先に新任のあいさつをしにいったときです。「精一杯がんばります！」という姿勢をアピールしたくて、

We will do our best!

と言ったら、「あなたの尽くす『ベスト』になど興味はない。結果を出せ。先ほど話し合った内容を次回のミーティングまでに達成しろ」と厳しく言い放たれました。**We will do our best.** とか **We will try.** というのは「全力でやってはみるけれど、できなかったらごめんね」くらいの軽い意味、できないかもしれないニュアンスが含まれていると知って愕然としました。

これはあとで知ったことですが、こういった場合は、

Let's make things happen.

とか、

Let's do this.

といった、前向きな表現が効くそうです。

あるいは、「ミーティングで決めた目標数値を達成します」という意気込みを伝えるために、

We aim to acquire 2,000 new customers.

新規に2000人の顧客を得ることを目指します。

などと **aim** を使って具体的なことを言うのもよい

でしょう。

絶対にしてはいけない
アウトプットとは？

そして、英語を学ぶ人すべてにお伝えしておきたいこと。

英語を学ぶ人が絶対にしてはいけないアウトプットがあります。

それは、ほかの人の英語について評価するということです。

「あの人の発音はイマイチだ」とか「あの人の文法はめちゃくちゃだ」など、英語の会議のあとでほかの日本人の英語についてあれこれ言う人がいます。このように**ほかの人の英語について評価を下すこと、これは絶対にしてはいけません。**

理由はふたつあります。

ひとつは、ひとりが言い出すと周りは「自分の英語もあのように叩かれてしまう」と萎縮してしまうからです。そうなると会議で意見が出てこなかったり、日本人だけ発言しなくなったり、と業務に差し障ります。

もうひとつは、自分に返ってくるからです。あなたが人の英語についてあれこれ言っていると、同じことがあなたについて言われます。「人の英語を評価していい」という文化になってしまうからです。

英語が間違いなくしゃべれることが大切なのではありません。話の中身が大切なのです。話の中身が大切だ、ということがその集団の意識から薄れてしまうと実りのある会話が持てません。

自分のためにも、周りの人のためにも、ほかの日本人の英語については評価しないことです。

継続するには
英語学習のシステム化を

英語学習の最大のポイントは「継続」にあります。前述（46ページ参照）のように、「継続」によって「イメージ力」がついてきます。

インプットとアウトプットをバランスよく継続させていくこと——これができれば、英語力は着実に伸びていきます。

とはいえ、実行するのはなかなか難しいもの。最初はやる気満々で教材を広げてリスニング練習をしたり、英文メールを書く練習をしたりしていても、気がつけばたくさん買った英語教材が本棚に積まれたままになっていた……という経験はありませんか？

日々、仕事に追われている社会人の場合、つい忙しくて英語学習まで手がまわらなかった……ということになりがちです。

ある意味、英語学習の継続をいかに上手にシステム化するかが、英語上達のための重要課題といえるでしょう。忙しい毎日の中でも自動的に自然に英語学習に入り込めるようなシステムを作ってしまうことが大事です。

みなさんは時間が空いたときに、さっと英語の勉強ができるようになっていますか？

「あ、ちょうど時間が空いたから、英語の勉強でもしよう」

と思ったら次に、リスニングか音読かライティングか、何を勉強するかを決めて、それから教材を手元に用意して、そして始める……というように、思い立ってから学習に向かうまでの工程が多ければ多いほど、勉強時間は少なくなりますし、途中で面倒になり、結局勉強しない危険性も高まります。

つまり、**あれこれ考えずに、毎日の学習予定が決まっていて、空き時間にスムーズに英語学習を始められる。そんなシステムを作る必要があるのです。**

いつ何を勉強するか英語学習の時間割を作り、しか

英語学習の時間割を作っておきましょう

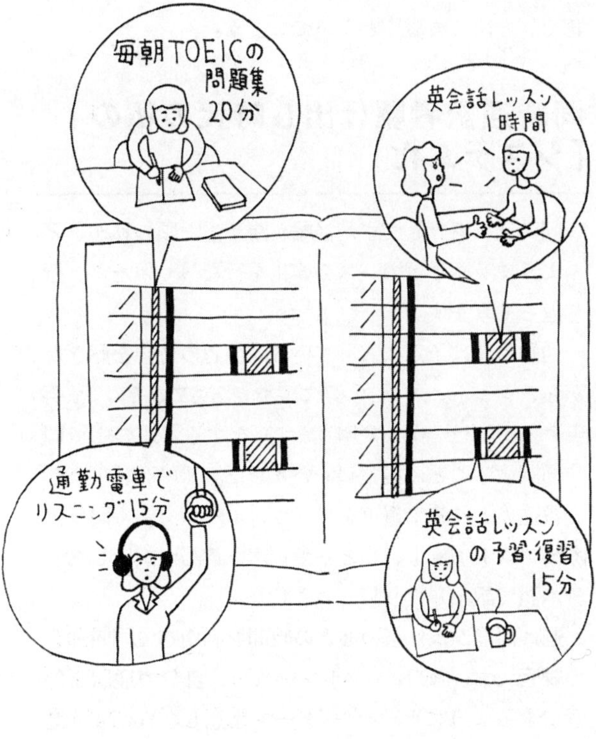

も時間がきたらすぐに勉強できるように、セッティングしておくのです。

たとえば、朝は20分TOEICの問題集を解く、通勤・帰宅の移動時間には録音したNHKラジオ講座を聴く、と決めておくとよいでしょう。

同時通訳者駆け出し時代の私の「システム化」

同時通訳者としてまだ経験が浅かった頃の私が、どのように英語学習のシステム化を行なっていたか、振り返ってみます。

通勤時間は予定に入っている講演者の音声を聴きながら、シャドーイング（聴こえてきた英文をそのまま再現する。3章で詳しく説明します）をするか頭の中で同時通訳することに集中していました。駅の改札口から一番遠いところで電車を降りて、ホームを歩く間は実際にアウトプット、ひとりで音声を英語で訳出したり日本語で訳出したりしていました。

週に何度かは仕事のあとの時間を利用して同時通訳の練習です。PCにイヤホンをはめ、自分の通訳を録音できるようにICレコーダーを用意し、YouTube動画の同時通訳をしていました。

これを30分から1時間程度、週に何度か行なうと格段にレスポンススピードが上がります。脳の筋トレのようなイメージです。

まとまった時間かすきま時間かで、勉強内容は変化する

私は、まとまった時間に行なう勉強とすきま時間を利用した勉強とがあると思います。

まとまった時間の勉強といえば、朝。

TOEIC試験が必要な人であれば、朝20分机に向かう時間を確保しましょう。

朝20分を使ってセクション5あるいは6の問題集を解くのです。

30分かそれ以上確保できれば、答え合わせをしたり、解説を読んだりもできますし、セクション7の時間を取ることもできます。

私の知人で、週に1〜2日、朝の時間を使ってオンライン英会話を実践している人もいます。

朝は時間を区切って集中する勉強に向いていますので、問題集を解いたり、オンライン英会話をしたりするといいでしょう。

また、週末にまとまった時間が取れる場合は動画や

音声を使った同時通訳の練習に割《さ》いたり、英語でものを書いたりする時間に使ってもいいでしょう。英会話学校に行くことも、ある程度まとまった時間を使った英語学習になります。

逆に、通勤時間などのすきま時間はどのようにするか。

スマートフォンやタブレットで英語の記事をひとつ、ふたつ読む、というのがお勧めです。そのためには、ツイッターで英語メディアをフォローしておきます。各メディアはひんぱんに記事ごとのツイートをしますので、その中から気になったものをまずはひとつ読む、というのがいいでしょう。The New York Times や The Economist の記事をお勧めしています（この学習法については221ページで詳述します）。

新聞や雑誌を取りだして読めるくらいの車内であれば、定期購読している The Economist を広げて記事をひとつかふたつ読みます。

あるいはNHKラジオ講座を録音しておき（ラジオサーバーというデバイスがあり、ラジオの予約録音ができるので愛用しています）、通勤電車で聴くのもひとつの手です（1週間分であれば、NHKのオンラインからストリーミングもできます）。

たとえば、私が担当していた「入門ビジネス英語」

は15分番組ですので、通勤時間は15分間これを聴く、というのもいいでしょう。

NHKラジオ講座でいえば、昼休み時間にビジネス英語系のラジオ講座をやっています。たとえば、「入門ビジネス英語」ですと、毎週月・火の昼12時40分から55分までの15分間でした（2015年度）。スマートフォンアプリの「らじる★らじる」を使って、昼休みに15分だけ英語講座を聴く、というのもいいですね。

番組中に使われているフレーズをその日のうちに使ってみよう、などと目標も合わせて作ると、聴くモチベーションも上がります。

リスニング教材を使う場合の注意点をひとつ。

英語の音声とともにシャドーイングをする、とか同時通訳のような練習をする、ということをお勧めします。

ただ聴き流しているだけでは実は頭に定着せずに「英語をやったつもり」になってしまう危険性があるからです。

今挙げたすきま時間利用法は、習慣にしてください。

スケジュールは複雑すぎないように

英語学習の継続のためには、自動的に学習に向かえるシステムづくりが必須です。まずは学習スケジュールを作ってみてください。

ただし、あまり細かく複雑な時間割は作らないこと。

システムは簡潔、シンプルなほうが誤作動もなく実行できます。あまりに細かすぎるスケジュールを作ってしまうと「月曜の昼食時は何をやって、帰りの電車では何をやるんだっけ？」と混乱しますし、学習素材の準備も煩雑《はんざつ》です。なるべく学習に向かうまでの負荷を軽くすることが、継続のポイントです。

そのためには、学習素材もあまり欲張らないのがポイントです。ひとつの教材でインプット、アウトプットの両方使えるものが理想的ですね。

CD付きの英会話フレーズ集やスピーチ集などがひとつあれば、リスニング、スピーキング、語彙や表現の勉強、さらにリーディングやライティングなど幅広い学習に使えます。リスニング練習や音読、ディクテーション、速読とひとつの教材でさまざまなプラクティスができるのです。「リスニング用」「リーディング用」「会話用」とジャンル別に教材を揃えるより、気に入ったいくつかの教材や参考書を徹底的に使い倒しましょう。

私も有名人のスピーチを集めたCDブックを繰り返し聴いて勉強した時期がありました。

今はさまざまな英語学習教材が溢《あふ》れています。書籍だけでなくパソコンソフトやオンライン教材やスマートフォン対応のアプリなどもあって、何を使っていいか、迷いますね。豊富な学習教材があることはよいことですが、いろいろな教材に手を出すと、結局どれも中途半端にやって、結果としてあまり身につかない危険性も大。社会人が限られた時間にたくさんの教材を勉強することは不可能です。教材は思い切り絞りましょう。

どの教材を使ったらよいかわからないという方は、まずは古典的にNHKのラジオ講座やテレビ講座を利用してみるのもよいかもしれません。

実は、海外生活経験はないけれど高い英語力を身につけている知人には、NHKラジオ講座を聴いていたという人がとても多いのです。

それ以外の教材も使われていたのかもしれませんが、1日10分から15分の番組を毎日きちんと聴いて勉強を続けていったことが、揺るぎない英語力を育《はぐく》んだのではないかと思います。

長い歴史のあるラジオ講座の内容はよく考えられていて、質も安定しています。1回ごとの勉強時間は短いので、忙しい社会人でも大丈夫。

なによりも、毎日続けて勉強できる点が素晴らしい。自然と「継続」ができます。

とりあえず封を切る、これが継続への道

英語学習を継続させるための効果的な行動は、「とりあえず封を切る」ことです。

定期購読した英文雑誌は、届いたらすぐに封を開けましょう。そして雑誌を取り出したら表紙を眺めましょう。余力があったら目次にざっと目を走らせてから、通勤用の鞄にしまいましょう。この一連の動作を行なうことが、定期購読している英文雑誌を読み続けるうえでとても重要な儀式なのです。

英文の政治経済オピニオン誌 The Economist を私は定期購読しています。だいたい毎週日曜日に最新号が届きます。休日なので、つい封を開けるのがおっくうになって「月曜になってから開ければいいや」と思って、そのままテーブルに置いてしまうと、そのまま1週間が経過して次の号が届く、ということに陥りま

す。

テーブルに封筒のまま置かれた雑誌は、翌週新しい号が届くまで封が切られないままである確率が非常に高いのです。

一方、とりあえず封を開けて、表紙をちらりと見て鞄の中にThe Economistをしまいこむところまでできれば、翌月曜日から通勤時間にその記事を読む可能性は飛躍的に上がります。

定期購読している英文雑誌だけではありません。書店から買ってきた教材や参考書も家に持ち帰ったら、すぐに袋から出して表紙を眺め、目次に目を通しましょう。

すぐに勉強を始めれば、なお素晴らしいですが、とりあえずは、まず封を開けて、中味をちらっと見るところまでを必ずやります。そうすれば夕食後に勉強を始められるかもしれませんし、翌日からの学習スケジュールに組み込めるかもしれません。

「すぐに封を開ける」ことによって、それに続く作業、学習のためのセッティングや実際の学習がスムーズに続く可能性が高まるのです。

誰にとっても英語学習は面倒に感じることがあるもの。他にもやらなくてはいけないことがたくさんあれば、ついつい英語学習を後回しにしがちです。気がつけば部屋の片隅に読むべき英語雑誌が積み重なっている……ということになってしまいます。こうなってしまうと、気持ちを立て直し、学習を再開させるのはかなり大変です。

だから、学習に向かうための最初のハードルを低くすることが大切なのです。なるべく負荷が軽い状態で、するするするっと気がつけば学習モードに入ってしまうように自分を持っていくことが大切です。そのための「始めの一歩」が「とりあえず封を開ける」という作業。さぼりたいときも、なんだか気分が乗らないときも、とりあえず封を開けましょう。その行動によって、その先に大きく踏み出す力が湧き上がってきます。

これは**実は英語学習に限りません。日々の生活で「すぐに封を開ける」ことを習慣化してみてください。**仕事でもプライベートでも変化が起きるはずです。

私が実践している ツイッター英語学習法

「継続は力なり」ということわざがありますが、英語学習者を見ていると、まさにそのとおりだと感じます。

私はツイッターで、「今日の英単語」（#eitangocho ハッシュタグ英単語帳）を平日毎日つぶやいていました（現在はできる限り火〜金の間、私が暮らしているサンフランシスコで出会った英語フレーズや、英語記事などをつぶやいています）。

私の書籍で紹介している英単語を毎日ひとつ選んで、その本に掲載していない例文を作成し、紹介しています。そしてすぐにその日本語訳を2個目のツイートとして紹介する、というシンプルなものです。

もともとは『カリスマ同時通訳者が教えるビジネスパーソンの英単語帳』を出版した際に、そのプロモーション活動も兼ねて始めたものです。

ありがたいことに大勢の方にフォローしていただき、個人的にも「継続の力」を感じますし、毎日読んでくださっていた方たちは力がついていると思いました。

そのツイートとは、たとえばこのようなものです。

ある日のツイート①

みなさん、おはようございます！ 今日の単語は「中学英語をビジネスに変える3つのルール」p15

CLOUD We use cloud-based software to manage data.

#eitangocho

ツイート②

データ管理にクラウドベースのソフトウェアを使っています。**Use CLOUD** #eitangocho

ツイート②から見た人は、その場で日本語を見ながら、**cloud**という単語を使って英文を作ってみましょう、という意味です。

答えは必然的にその前のツイート、ということになります。英語⇔日本語が両方向できますね。

なお、この日は３つ目のツイートもしました。

ツイート③

ちなみに、クラウドソーシングやクラウドファンディングの「クラウド」は**cloud**ではなくて**crowd**ですよ！ #eitangocho

この３つ目のツイートはみなさん結構「はっ」と思ったようで、リツイートがたくさんありました。

今、日本のビジネスシーンでも話題の「クラウド」。これは**cloud**と**crowd**があるのです。このふたつを理解しないまま使ってしまって恥ずかしい思いをしている人が多いのではないでしょうか。ちなみに、**cloud** は「雲」、**crowd** は「群衆」です。

ひとつの書籍を始めたら、その本で紹介している英単語をすべて紹介しおわるまで同じ本を使います。

同じ本の中では、このようなツイートの日もありました。

ツイート①

みなさん、おはようございます！今日の単語は「中学英語をビジネスに変える3つのルール」p38 **WRITING Can we have that in writing?** #eitangocho

ツイート②

それを書面に残してもらえますか。**Use WRITING** #eitangocho

write は「書く」という意味の単語ですが、**writing** という形でビジネスではひんぱんに使われています。特にこの言い回しが多いので、みなさんに押さえておいてもらいたいと思って書籍にも書きました。「なるほど、こうやって使うのか」という反響をいただきました。

また別の日のツイートは、このような感じでした。

ツイート①
みなさん、おはようございます。今日の単語は「ビジネスに効く英単語101」p18 **SHARE Let me share with you the strategy for the new fiscal year.** #eitangocho

ツイート②
新年度の戦略をお話しさせていただきます。**Use SHARE** #eitangocho

これだと **share** という単語も学べるし、「新年度」は **new fiscal year** だ、とふと思い出すきっかけになった、という反響をいただきました。この例文にはビジネスを語る際には欠かせない **strategy**（戦略）という単語も入っているし、一文からいろいろと吸収できるポイントがあるのです。

日々通勤時に見て表現をたくわえている、というフォロワーさんもいて、とてもうれしいです。

余裕のある人は、その単語を使った例文を作ってみてください。#eitangocho というハッシュタグも忘れずに！

実際に作文を作っている人は10名程度で、多くのフォロワーさんは見ているだけです。それでもまったく問題ありません。

ただ、インプットとアウトプットをバランスよく続けるにはいい機会です。毎日一文英語を発してみるのも楽しいですよ。私も時々添削をするので、フィードバックのいい機会かもしれません（ただ、140字以内にフィードバックを誤解なくしなければならないので、根本的に直したほうがいいところなどはどうしても指摘できないのですよね……シンプルに、時制や冠詞の指摘とか修飾関係の間違いを指摘させていただいています）。

投稿を続けている人たちはかなりの上級者になっていますので、継続は力なり、だなと感じています。

英文ライティングの勉強をしたい人は手前味噌になりますが、この「今日の英単語」を日々眺め、そして声に出して文を読んでみることから始めてもいいですね。そして投稿しなくてもいいので、自分でも英文を考えて書いてみましょう。さらに投稿してきた人たちの英文とその添削も読んでください。

1％の努力を毎日続けていると……

もうひとつ、私が行なっているツイッター英語活用は、ラジオの放送日のツイートです。

たとえば、このような感じのツイートをしています。

NHK ラジオ入門ビジネス英語は昼 12:40-12:55、再放送夜 23:20-23:35
今日は **relationship** を使った例文 2 種、ビジネスコンテキストでね w
relationship と相性のよい「つくる」に相当する動詞、すぐに思い浮かびますか？ #nhknyumon

というものや、

NHK ラジオ入門ビジネス英語は昼 12:40-12:55、再放送夜 23:20-23:35
今日は仕事の引き継ぎなどで使えるフレーズ 2 つ。「後任」と「引き継ぐ」って英語でなんていうか、みんなすぐに思い浮かぶかな #nhknyumon

という感じです。その日の放送のテーマや出てくる単語などのヒントを出しています。答えは放送で確認してください、という方式です。

このように SNS の力を借りて楽しみながら英語学習を継続していけば、徐々にですが力はついていきます。

友人に聴いた話ですが、

1.01を365回掛け合わせる（つまり1.01の365乗）と37.8になり、0.99を365回掛け合わせる（つまり0.99の365乗）と0.03になります。

0.01でも毎日努力を積み重ねると1.01は1年後には37.8になりますが、0.01でも努力を怠《おこた》ると0.99は0.03になってしまうのです。

$$1.01^{365} \fallingdotseq 37.8$$

$$0.99^{365} \fallingdotseq 0.03$$

1％（0.01）の努力を続けるか怠るかで、これほどの差がつくのです。

こわい話ですが、リアリティがありますね。

「継続は力」という言葉を信じて、自分に合った英語学習を継続する仕組みを作っていってください。

3

章

同時通訳者が実践！英語のプロの勉強法

ここでは、同時通訳者が日々行なっている学習法をご紹介します。シャドーイング、リテンション、パラフレーズといった有名な訓練法だけではなく、辞書クルージングや映画ディクテーションといったものまで。ここでも、キーワードは「イメージ力」と「レスポンス力」です。

quiz

5

英単語帳は紙でなく、●●●●で作った方が便利です。さて、なんでしょう?

洋書を読むまでに絶対にやっておいた方がいいことや、英語セミナーの上手な活用法など、実体験に基づいたアドバイスもありますよ。

＊ quiz の答えは、124 ページをご覧ください。

同時通訳者はどんな トレーニングをしているのか

実は私ははじめから同時通訳者になることを目指していたわけではありません。友人とベンチャー企業を立ち上げて、そこで通訳翻訳部門のエージェント業を始めたのがきっかけで、本格的に通訳の仕事に関わるようになりました。

逐次《ちくじ》通訳は商社勤務の頃から業務として担当することが多かったのですが、同時通訳を含め通訳を本格的に仕事とすることになってから、半年間だけ通訳学校に通いました。そこで初めて同時通訳になるためのフォーマット化された訓練法に触れたのです。その代表的な訓練法が**「シャドーイング」「リテンション」そして「パラフレーズ」**でした。

「シャドーイング」で 「レスポンス力」を鍛える

シャドーイングは、最近では英語学習者にもトレーニングに取り入れている方が増えましたが、音声を聴きながら、聴こえてきたままの音を再現するという練習法です。これは聴いた音をすぐに再現する反応力を鍛えるためのいわば脳の筋トレです。これをすることによって通訳者に必要な「レスポンス力」が鍛えられます。

今話されている英語を聴きながら、かつ直前の英語を口に出すわけで、脳では2つのことを同時に行なうことになります。けっこう複雑な作業なうえに、口がスピードについていけずに最初は戸惑う人も多いです。

ワンセンテンスのシャドーイングから次第に複数のセンテンス、そして同時通訳のトレーニングとしては1分間、3分間と長さを伸ばしながら練習していきます。

最初はひたすら聴こえてきた音声を再現するだけで、聴こえてきた意味を考える必要はありません。英語のスピードについていくのに必死で、意味まで考える時間がないからです。

少し慣れてきたら、次のステップとして、同じ音声を使って聴こえてきた意味を理解しながら、シャドーイングする練習をします。音声を聴いて瞬間的に意味を理解しながら、その音を再現する……これができるようになれば、理論的には、もう同時通訳はできます。シャドーイングは聴いたままの音を繰り返す作業ですが、同時通訳はそれを単に別の言葉に置き換えて行なう作業だからです。意味を理解しながらシャドーイングができるのなら、そのアウトプットを日本語にすれば同時通訳になるのです。

たとえば、あるプレゼンテーションの音声があったとします。

Hello. My name is John and I'm in charge of Project Sunrise. Today, I'd like to share with you some key factors. I've divided my talk into three parts; first the introduction of the products, then the marketing strategy and finally our projections. My presentation will be about 30 minutes. If you have questions, do not hesitate to interrupt me. So ...
こんにちは。私はジョンと申しましてプロジェクトサンライズの責任者です。今日はこのプロジェクトの鍵となる要素について共有させていただきたいと思います。今回は話を3つに分けました。まず商品をご紹介し、次にマーケティング戦略の話をし、最後に予測をお伝えしたいと思います。私のプレゼンテーションはおよそ30分です。ご質問があれば途中でも遠慮なくおっしゃってください。では……

シャドーイングは音声のすぐあとに続いて同じ言語でアウトプットするのです。なので、最初の **Hello.** が聴こえたらすぐに **Hello.** とまねしてついていくような感覚です。

短期記憶力を高める「リテンション」は、「イメージ力」を意識しながら

リテンションとは「短期記憶保持力」。一文を聴いてから後で、聴こえたものをそのまま同じ言葉で繰り返すという練習です。

シャドーイングのように英語を聴きながら言うのではなく、ひとつの文を聴いて記憶して再現する。これは短期記憶を高めていく訓練です。**シャドーイングが苦手な人はまずリテンションの訓練で短期記憶を高め、覚えたことを再現する力を付けていきます。**

リテンションはあるまとまった分量の英語を通訳する、逐次通訳のときに特に必要なスキルです。単純なようでいて、まったく同じ言葉で再現することが難しいので、通訳に必要な「イメージ力」を意識しながら行ないます。

たとえば、同じ音声を使うとしたら、最初は一文ずつ再現するのがいいでしょう。

Hello. My name is John and I'm in charge of Project Sunrise.

ここで音声を一時停止し、自分もまったく同じ言葉を使って、

Hello. My name is John and I'm in charge of Project Sunrise.

と言えるように練習します。**Hello.** の代わりに **Good afternoon.** とか **My name is John** の代わりに **I'm John** と言ってしまっては間違いなわけです。

そして続けて、

Today, I'd like to share with you some key factors.

と聴こえたら、一時停止して同じ英文を再現します。

Today, I'd like to share with you some key factors.

このようにして続けていきます。

英文が長くなるほど、正確に同じ言葉を使うのが難しくなってきます。

「パラフレーズ」は「イメージ力」強化に必須のトレーニング

「パラフレーズ」は聞いた内容を、別の言葉を使って表現するトレーニング。

たとえば「今日は○○についてお話しします」を「今日は何々という概念についてお伝えしたいと思います」というふうに、同じ意味だけれど言い方を変えて表現していきます。強制的に言い換え表現を考えるので、このトレーニングをしていくと表現力の幅が格段に広がっていきます。

つまり、このトレーニングが「イメージ力」強化には必須です。

たとえば先ほどの文の前半部分、

Hello. My name is John and I'm in charge of Project Sunrise. Today, I'd like to share with you some key factors.

であれば、

Good afternoon, I'm John. I'm the marketing manager for Project Sunrise. Let me talk to you about some important elements of this project today.

というようにできます。内容は同じですが、表現が変わっています。つづいて、

I've divided my talk into three parts; first the introduction of the products, then the marketing strategy and finally our projections.

は、

My presentation consists of three parts. The first part is about the products. The second part is about how we will market the products. In the last section, I'd like to show you our forecasts.

というようにできます。こちらも、内容は同じで表現が変わっています。

ちなみに2番目の部分の「**marketing strategy** マーケティング戦略」を「**how we will market the products** 商品をどのように売り出すか」という英語にしています。名詞 **marketing** で表現したものを動詞 **market** で表現しているのです。

次の部分の「予測」を **projections** から **forecasts** の類語に言い換えています。

My presentation will be about 30 minutes. If you have questions, do not hesitate to interrupt me. So ...

ここは、たとえば、

This presentation will take around half an hour. Please interrupt me at any time if you have questions. So ...

というように言い換えられます。**will be about 30 minutes** は **will take around half an hour**（30分は **half an hour**=1時間の半分、という表現がありますね）となっています。最後の文も語順や表現を変えているのがわかります。

通訳しながら言おうとしていた言葉をど忘れしてしまったときに、瞬時に別の言葉に置き換えるといった具合に、ある内容を違う言葉を使って表現する力は、通訳に求められる大変実践的な力です。

英単語を覚えるといった練習とは、まったく異なるものであることがわかると思います。

このトレーニングは、英文を映像でとらえ、その映像に最適な表現を常に編み出していく、同時通訳者のまさしく「イメージ力」のトレーニングになっています。

同時通訳を目指す人たちは、英語力に加えてこうしたトレーニングに励みます。どこかスポーツや楽器の練習にも似ていますが、こうして同時通訳になっていくのです。

同時通訳の卵たちのトレーニングを英語学習に取り入れよう

同時通訳を目指す人はさまざまなトレーニングに励むわけですが、実はその一部は英語学習者にも参考になります。

中でもお勧めなのが、「シャドーイング」と「パラ

同時通訳の訓練で、「2つの力」を鍛えます

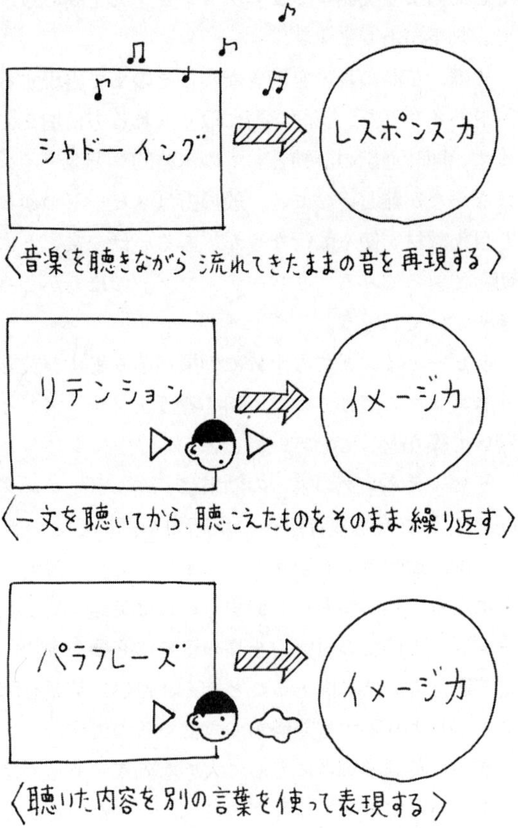

フレーズ」。

これらのトレーニングは英語力を上げるうえでも、そして何より英語コミュニケーション力を高めるうえで、効果があります。

実際、英語の音声を聴きながらそのまま再現するシャドーイングを、英語学習に取り入れる方は増えています。同時通訳の訓練としての本格的シャドーイングはなかなか難しいので、一般の方はスピードのゆっくり目な教材を使って行なうか、あるいは一文ごとに区切って言ってみる「リピーティング」のほうがとっつきやすいでしょう。

リピーティングでも十分に効果があります。英語のリスニングに慣れていない初心者は、フレーズごとに聴いて繰り返してもいいでしょう。

リピーティングの第一の効果は、シャドーイングと同じように英語の音声への反応力を高めるということ。同時通訳者に必要な「レスポンス力」を鍛えることになる「脳の筋トレ」です。これは英語コミュニケーションの場での対応力を高めるのに必要です。「英語だ！」と身構えることなく、自然に英語を聴いて対応しようとする態勢ができてくるのです。

さらに英語学習者にとって大きな効果があるのは、なんといってもリスニング力の向上につながるからです。実際に自分で聴いた音を繰り返すことで、漫然と聴いていたときには見逃していた、聴き取れていない部分、誤解して聴いていた部分が明確になります。

リスニングの弱点をはっきりさせながら聴いていくことによって、リピーティングを継続していくとリスニング力は確実に伸びます。

また英語を実際に声に出して話すことで、英語が口に馴染んできて、実際に英語を使う場面でもスムーズに英語が出やすくなるといった、副次的効果も期待できます。

リピーティング練習には、同じ教材を覚えてしまうくらいまで繰り返し使うとよいです。私もひとりで通訳修行をしていたときは、気に入っていたCDブックで繰り返しシャドーイングをしていました。

パラフレーズ練習を通して「イメージ力」を鍛える

「パラフレーズ」は同じような意味を異なる言い方で表現するという練習です。つまり、パラフレーズは「言い換え」です。この練習を続けると表現の幅が広がり、「イメージ力」を高められます。

あいさつといった定型表現を使って「とりあえず通

じる」段階にいる人で、もう少しニュアンスのあることが言える「とりあえず通じる＋α」の段階に進みたい方に特にお勧めの勉強法です。

日本語でも、同じような内容を表現するにはいろいろな表現法がありますよね。

英語も同じです。

たとえば商品の販売促進なら、

Let me talk about the campaign results.

販促キャンペーンの結果について話させてください。

とも言えますが、少し表現を変えて、

Today, I'd like to share with you the results of the campaign.

今日は販促キャンペーンの結果についてみなさんとシェアしたいと思います。

とも言えます。あえて言えば、意味は同じですが後者のほうが聞き手と情報共有したい、という気持ちが伝わります。前者は簡潔な会議の切り出し方、という印象を受けます。そうはいっても、伝えている本質的な意味は同じです。

このように、同じ内容についてさまざまな言い方を考える練習をすると、表現力がつきます。

また、英語を話している際に「あー、○○って英語でなんて言うんだっけ」といったど忘れをしてしまったとき、別の言葉を使い別の表現で説明するといったことができるようになります。

まさしく同時通訳者がしている、本質・コアをとらえて、それを「イメージ力」を使って表現するのと同じです。自分が想定していた正解の単語でなくても、言いたいことはきちんと伝えることができる、コミュニケーションではもっとも必要な力です。

必要なフレーズをTPO別に丸暗記して使うという段階からもうひとつ上を目指すレベルの人は、ぜひ取り入れてください。パラフレーズする力がつくと英語表現が自由自在になった感覚が味わえ、コミュニケーションが楽しくなってきます。

「パラフレーズ」のトレーニングに必須の道具とは?

パラフレーズのトレーニングに効くのが、類語辞典の活用です。

まずは自分が普段よく使ってしまう動詞や名詞が他にどんな言葉で言い換えられるのか、類語辞典で調べてみるとよいでしょう。

たとえば、「増える」というときに**increase**をよく使っているとします。

類語辞典を引くと **grow, boost, expand** などが出てきます。それぞれの言葉に最適な使い方をそこから学ぶのです。

たとえば売上について話したいときは、

The sales increased.

売上が増えた。

The sales grew.

売上が伸びた。

と言い換えられます。日本語にもいろいろな言い方があるのと同じ感覚ですね。

また、

We need to increase sales.

売上を増やさなくては。

We need to boost sales.

売上を増やさなくては。(売上が押し上げられるイメージ)

We're hoping to increase sales in Asia.

アジアでの売上を増やしたいと思っています。

We're hoping to expand sales in Asia.

アジアでの売上を拡大させたいと思っています。

このように見ていくと、それぞれの言葉は同じ意味ではあるけれど、少しずつニュアンスの違いがあることがわかります。そのニュアンスの違いを理解するために英英辞典を使うのです。

英英辞典で単語のニュアンスの違いを味わいつくす

たとえば **increase** は、

become or make greater in size, amount or degree

つまり、サイズ（大きさ）や分量や程度が大きくなる（する）ことを指します。

grow は、

become larger or greater over a period of time

つまり、時間を経過しながら大きくなることを指します。「成長する」という意味もありますね。

boost は、

help or encourage something to increase or improve

つまり、何かが増えたり改善したりすることを助けることを指します。

expand は、

become larger or more extensive

つまり、大きくなること、拡大することを指します。

（オックスフォード新英英辞典より）

日本語でも「増える」という言葉は「増加する、増大する、拡大する、成長する」という言葉と置き換えられるのと同じ感覚です。その感覚で英語にも向き合ってみましょう。

表現力が増えると、プロフェッショナルらしい語彙を瞬時に選んで、その場に相応《ふさわ》しい言い回しができるようになります。

私は類語辞典と英英辞典を両方交互に引き続けることで、現在の「イメージ力」を鍛えました。中級者以上の方はこの方法にもチャレンジしてください。

名詞を動詞で、動詞を名詞で、言い換える訓練

もうひとつパラフレーズでできることは、名詞を動詞で言い換えたり、動詞を名詞で言い換えたりすることです。

先ほどの例にもあったように、

marketing strategy

マーケティング戦略

これを、

how we will market the products

商品をどのように売り出すか

というように言い換えられるのです。

名詞 **marketing** で表現したものを動詞 **market** で表現しているのです。

これは、派生語を押さえることから始めましょう。

たとえば、動詞 **communicate**（意思疎通を図る、コミュニケーションを取る）の活用法です。

I want to be able to communicate better.

私はもっと上手に意思疎通が図れるようになりたい。

I need to improve my communication skills.

私はコミュニケーションスキルを上げないといけない。

I want to be a better communicator.

私はもっとよいコミュニケーター（意思疎通ができる人）になりたい。

どの文も **communicate** のさまざまな形で、同じような意味を言い表わしています。

英会話学校に通っている場合は、さらにニュアンスの違いや、受ける印象の違いについて、そして言葉を置き換えた場合、はたして実際に使えるのかどうかなどをネイティブにチェックしてもらうとさらにいいでしょう。

「パラフレーズの練習をしたい」と注文を出して、英語表現をチェックしてもらったり、あるいは先生に「こういう言い方もできる」と別な言い方を教えてもらったりするのもいいでしょう。

そのような機会がないという場合でも、作ったフレーズをGoogleの検索キーワードに入れて、実際に英語でそのような使い方をするのかを調べることもできます。これについては4章で詳しく説明します。

単語帳はエクセルで作り、例文も載せる

日々の通訳の仕事では英単語を覚える、という作業が欠かせません。私も同時通訳の仕事の前には今でも、単語帳を作っています。

英単語をしっかりと頭に入れることは、「レスポンス力」向上につながります。

当日使われる資料を取り寄せ、それをもとに頻出用語や専門用語をまとめます。単語帳といってもカードやノートではなく、私はエクセルソフトを使っています。取引先ごとのフォルダを作り、仕事ごとにシートを分けて必要な単語を並べていくのです。英語から日本語に通訳する案件の場合はA列に英語、B列に日本語訳、そしてC列に例文。例文をできるだけつけるようにしています。

英語→訳語だけで単語を覚えていっても、なかなか頭に入ってきません。訳語だけ覚えても、使い方がよくわかりません。意味だけ覚えても自分で使いこなすことは難しいし、単語自体もなかなか定着しません。

しかし、例文を一緒に読むと言葉の意味や使い方が印象に残ります。面倒なようですが、**例文と一緒に学ぶのが単語を身につけるうえでは近道であり、実用的です。**

例文を一緒に覚えることは、その単語の活用方法をも頭に入れることになります。これは言い換え、つまりパラフレーズの練習にもつながっていきますので、ひいては「イメージ力」向上にも役立つのです。

仕事の現場で印象に残った単語で自分だけの単語帳を

みなさんも、エクセルなどを使ってパソコン上に単語帳を作ってみることをお勧めします。

仕事で実際に使った単語や熟語を単語帳にまとめていきましょう。会議やプレゼンテーションの席で登場した未知の単語や表現、印象的だった単語や表現について英語、日本語訳、そして例文を書き込んでいくのです。

商社勤務時代のミーティングの席で海外のエグゼクティブが、

Let me share with you the concept for Spring Summer 2001.

2001年春夏コレクションのコンセプトについて説明します。

（直訳「2001年春夏コレクションのコンセプトについて共有させてください」）

と言ったときに、即座にメモしました。何かについて話す、というときに**share**を使うと、その人が話を

単語帳はエクセルで！

英語	日本語	英語例文
solve	解決する	What do you think should be done to solve the problem?
develop	開発する	We have to develop a new system.
effective	効果的な	What would be most effective?
partnership	パートナーシップ	Let's think about building strong partnerships.
provide	提供する	We will provide you with any information you need to make your decisions.
apply	適用する	The rule applies to everyone.
distribution	流通	We have to streamline the distribution system.
potential	潜在能力	There is great potential in this technology.

ポイントはシンプルに！
単語の日本語訳も1〜2個にしておく。
たくさん書き込みすぎない。

例文を書いておくこと
どのような文でその単語に
出会ったかが ひと目でわかる。

周りと共有してくれている、という感じがして、周りも前向きに聴く姿勢になれるのを肌で感じたからです。

これは **I'd like to talk about** ～とか **I'd like to tell you about** ～（私は～についてお話ししたい）というよりも、チームに一体感をもたらせる話し方だ、と感じたのです。

（実際には、**talk** も **tell** もビジネスの場では使われます。亡くなったスティーブ・ジョブズ氏は **Let's talk about** ～とか **Let me tell you a little bit about** ～といったように、**talk** や **tell** を効果的に使っていました。「～について話すよ」とか「～について教えてあげよう」といった雰囲気になり、彼のキャラクターを実によく反映するような表現を使うのだな、と感心しました）

share はビジネスではよく使われる表現ですが、当時は「こういう言い方をするのか」と大変新鮮に感じてすぐにメモし、当時から作っていた単語帳（当時は紙のノートでした）に書き込みました。

このように**日々の仕事の中で出会った単語、印象に残った表現をピックアップして、その意味や具体的な使い方を単語帳にまとめていきましょう**。実際に使われた現場にいるので印象に残っていて、頭にも入りやすいです。またどんなシチュエーションで使われたのかがわかっているので、自分でも使いやすくなります。

日々やりとりするビジネスメールでよく登場する単語や、使えそうな表現なども、ピックアップしていくといいですね。

エクセルを使うなら会議などで話された英語、メールなどで書かれた英語など、いくつかのテーマごとにファイルを作ると「ビジネス英語　会議表現集」「ビジネス英語　メール表現集」など、そのままテーマ別の単語・表現集ができあがります。

また取引先別、仕事内容別に単語集を作れば、それぞれの業務ごとの単語・表現がまとめられ、大変便利です。

ビジネスパーソンは1000以上の数字はスラスラ言えるように

ビジネス英語に関しては、「数字」がとても重要です。仕入れ値、プロジェクトの予算、収益率、シェア、株価などなどさまざまなビジネスシーンで数字が登場します。

ビジネスで英語を使う機会があるのであれば、まず「数字」を押さえましょう。

ビジネスで使う数字、といったら千以上の数字は兆くらいまではすんなりと英語で言えるようになりたいものです。

最初に直面する問題が、英語と日本語では大きな数の数え方が違うので慣れないと瞬時に日本語、英語の数の切り替えができないことです。

日本はゼロ4つの単位。つまり万（10000）単位で数えていきます。1万、10万、100万、1000万そして次の単位が1億。

一方、英語はゼロ3つの単位で進んでいきます。千の次は万ではなくて**ten thousand**。10万は**a hundred thousand**、そして100万は単位が変わって**one million**。1000万は**ten million**、1億は**a hundred million**で、10億で単位が変わって**one billion**となります。

資料で示された数字を見ている分にはよいのですが、プレゼンテーションで**10 million dollars**と言われて、いくらのことか即座に理解できますか？

あるいは「プロジェクトの予算は？」と聞かれて即座に「20億円→**2 billion yen**」と答えられるでしょうか。

商社に入った1年目に「学生の頃の数字感覚と社会人になったときの数字は全然違う。これからは物事

数字は、日本語ではゼロ4つ、
英語ではゼロ3つの単位で進みます

日本語		英語
千	1.000	a thousand
1万	10.000	10 thousand
10万	100.000	100 thousand
100万	1.000.000	1 million
1000万	10.000.000	10 million
1億	100.000.000	100 million
10億	1.000.000.000	1 billion
100億	10.000.000.000	10 billion
1000億	100.000.000.000	100 billion
1兆	1.000.000.000.000	1 trillion

を100万単位で見られるように」と先輩にアドバイスされました。たしかにビジネスで扱う数字は100万=1 **million** 単位から上が多いです。この数字の感覚を身につけるのと同時に、英語での数字感覚も身につけましょう。

また、英語では省略形もよく使われるので、メモやメールで表わすときなどに便利です。

1 **thousand** = 1 **K** あるいは 1 **k**
1 **million** = 1 **M** あるいは 1 **m**
1 **billion** = 1 **B** あるいは 1 **b**
1 **trillion** = 1 **T** あるいは 1 **t**

多くは大文字を使うことが多いと言われていますが、小文字でも通用します。特に活用頻度の高い **million** は小文字で書く人も多くいますが、どうしてもメーターの **m** と混同することがあるので大文字で書くと親切な場合があります。

同業の外国企業のホームページで業界用語をマスター

単語はある程度の量は知らないと、どうにもならないところがあります。

同時通訳の世界でも、仕事のたびに専門用語や固有名詞を覚えていきます。たとえば日本の省庁の名前が登場するような仕事であれば、それらは即座に出てくるように暗記をします。

また同時通訳の場合は略称のほうが使う頻度が高くなることがあるので、正式名称と略称を覚えます。

たとえば「経済産業省」は **Ministry of Economy, Trade and Industry** ですが、略して **METI**（発音は「ミティ」）と言います。同様に「国土交通省」は **Ministry of Land, Infrastructure, Transport and Tourism** ですが、略して **MLIT**（発音はエムリット）と言います。

このように略称が愛称のようになっているものから、金融庁 **Financial Services Agency** のように **FSA**（発音はそのまま「エフエスエイ」）というものもあります。

みなさんの仕事においても、専門領域あるいは普段からひんぱんに使う専門用語があるはずです。中学高校の教科書に登場するような基本的な単語、ビジネスの世界で必ず使うような単語や表現のほかに、いま携《たずさ》わっている仕事で使う頻出用語や専門用語、つまりはあなたにとって必要な語彙を着実に増やしていきましょう。

ビジネスで使う英語の語彙を増やしていく効果的な方法のひとつが、同業の海外の企業のホームページを見ることです。会社概要やIR関連をチェックすると英語の業界用語や、その使われ方がよくわかります。プレゼンテーションや英文レポートを書くときの参考になります。

商品の紹介をしている部分、アピールしているフレーズなどを抜き書きしておくと、商品を海外の取引先などに向けてプレゼンテーションするときに活用できます。

英語学習の役に立つ企業サイトは、こちら

以下に参考にできるサイトを記します。

■小売や流通業界であればアメリカの**ウォルマートのサイト**

http://www.walmart.com

■家電業界であれば**アップルのサイト**

http://www.apple.com

■**サムスンのサイト**（現在のサムスンはグローバルでブランディングに力を入れていることで知られています）

http://www.samsung.com/us

■**フィリップスのサイト**

http://www.philips.com

■自動車業界、特に高級車の領域であれば**BMWのサイト**

http://www.bmw.com/com/en

■**アウディのサイト**

http://www.audi.com/com/brand/en

（メルセデスベンツのサイトは写真が多く、高級車を眺めるにはとても素敵ですが、英語学習の面ではもう少しテキスト分量が多い上記サイトにしました。もちろんメルセデ

スが好き、憧れということであれば、メルセデスのサイトから学習するのはモチベーションを上げるうえでもいいですよね）

このように、**自分の業界のグローバルサイトやアメリカのサイトなどで英語を見ていると、実際の自分の仕事に生かせる表現にたくさん出会えます。**表現のみならずマーケティング手法や、商品に関するちょっとしたこだわりなどがわかって仕事そのものに生かせます。

サイトを見るにあたっての注意点は、日本からアクセスすると日本語のウェブサイトに自動的にナビゲートされてしまう点です。その場合は、サイトの右端や下方に言語や居住地などを選べるところがありますので、そこからクリックして英語サイトを選びましょう。アメリカ合衆国サイトや、「グローバル」と書かれたサイトに行くといいでしょう。

たとえばフィリップスのサイトは、上記したURLでは日本語サイトに自動的に行ってしまう人が多いかもしれません。私が日本からアクセスした際のグローバルサイトのURLはこのようになっていました。

http://www.philips.com/?locale_org=global

また、ちょっとしたところで文化を感じることもあります。たとえばビールなどアルコール飲料メーカーのサイトを見ようとします。バドワイザーのサイトはそもそも身分証明として生年月日を入れないとアクセスできないのです。

また、金融機関のサイトでは、個人向けのタブのほかに法人向けのタブがあります。自分が法人向けのサービスに関わっている場合は、そちらを見ると勉強になるでしょう。

■ウェルスファーゴ

https://www.wellsfargo.com

■ HSBC

http://www.hsbc.com

法人向けが主な事業の場合は、その業界のものを見るのもいいでしょう。

たとえば**BHPビリトンのサイト**。この会社は資源を取り扱っています。

http://www.bhpbilliton.com

あるいは**オーウェンスコーニング社のサイト**。この会社はガラスを取り扱っています。

http://www.owenscorning.com

資源、エネルギー、環境といったキーワードの使われ方を見るのに役立ちます。そしてサステナビリティ（維持可能）について考えているページなどが見られます。

外国企業のウェブサイトを見る際に、自分の業界だけを見るのはもったいない、ともいえるのです。たとえばもっと戦略について英語で語りたい、という場合には戦略系コンサルティングファームのサイトを見て表現を磨くのも有益です。

■マッキンゼーのサイト

http://www.mckinsey.com

■ボストンコンサルティンググループのサイト

http://www.bcg.com

これらのサイト情報を無料で見ることができる現在

の環境は、英語学習には本当にもってこいといえるのです。

単語も“現場”で学ぶことが大事

もうひとつ言えることは、言葉にははやりすたりがある、ということです。ビジネスの世界は、特にそれが顕著です。リアルなビジネスの世界で使われている言葉は、「現場」にいないとわからない部分があります。

特にIT業界などの新しい業界の言葉は日本語の訳語が追いついていかないのか、英語をカタカナ化した言葉がそのまま使われる傾向があります。

たとえば、ソフトウェアの開発などの世界でよく使われているアジャイル（**agile**）。

日本語に訳すと「しなやかな」「俊敏《しゅんびん》な」という意味ですが、現場ではそのままカタカナで「アジャイル」と使われています。たとえば、開発手法を「アジャイルソフトウェア開発」といいます。業界においてはスタンダードに使われている言葉は、そのままカタカナでいいのです。

ほかにビジネスの世界で標準的に使われる英語に、省略形があります。

B2Bといえば「ビートゥビー」と発音し、これは**business to business**、要は法人間の取引形態、法人向けサービスを指します。

また、**B2C**といえば「ビートゥシー」と発音し、これは**business to consumer**、要は一般消費者向けサービスを指します。もともとはインターネットが発達して、商取引形態をわかりやすく説明するために生まれたと言われています。

P2Pは**peer to peer**のことで、ネットワーク上で対等な関係にある端末同士が相互に直接交信できる形態を指します。ただ、最近はインターネットやテクノロジー関連のみならず、ビジネスの世界では一般的に使われるようになってきました。「仲間同士」といったような意味だと思えばいいでしょう。

それと同じ類《たぐい》で、私が担当する業界でひんぱんに出てくる測定値が**LTV**です。

LTV= lifetime valueは日本語では「顧客生涯価値」などと訳されますが、実際にこの用語を使うビジネスの現場では**LTV**（エルティヴィ）といって通じます。なので、通訳の場では「このサービスの顧客生涯価値は……」などと訳しません。「このサービスの**LTV**は〜」あるいは「このサービスのライフタイムバリューは〜」と訳しています。

同時通訳の仕事をしていると、こうした業界特有の新語のニュアンスをつかむのに苦労しますが、みなさんは自分の働いている業界で使われるカタカナのニュアンスですから、意味するところは自《おの》ずと理解できるでしょう。

したがって、ビジネス英語は実際の仕事の現場でインプットすることが大切になります。仕事で使う英語の語彙や表現がもっとも効率的に学べるのは、仕事の現場なのです。

読書量が言語能力を左右する

語学学習はリスニング、リーディング、スピーキング、ライティングというジャンルに分けて考えられています。ただ、この4つはそれぞれが独立しているものではなく、総合的につながっているものなのです。

リスニング教材を聴き取りながらシャドーイングをしたら、それはスピーキングにつながります。その教材の書き取り演習をすれば、それはライティングの練習になります。リスニング教材のスクリプト（書き起こし）を、音声を聴きながら読めば、それはリーディングになります。

ひとつの技能に偏らず、どの技能もバランスよく学んでいくことが大切です。

ただ、**中級者以上になってくるとリーディングの量の多寡《たか》が、その後の英語力を大きく左右してくるように思います。**

中級以上の人は、意識して英語の読書量を増やしましょう。

私の周りには帰国子女がたくさんいます。しかし、その英語力にはかなりのばらつきがあります。帰国子女といっても英語に触れた時間もその質も異なりますから英語力に差が出て当然ですが、生まれてから12、3歳まで英語圏で暮らしたほぼ同じ条件下であっても、大人になった現在でもネイティブスピーカーと遜《そん》色《しょく》ないほどに英語ができる人、残念ながら子供っぽい表現のままの人、英語がぎこちなくなってしまって通じなくなった人と、その英語力にはけっこう大きな差があるのです。

みなさんも聴いたことがあるのではないでしょうか。英語と日本語とないまぜに話して、いかにも英語ができるふりをしている人を。「**It's so totally** つまんないわけ」といったように、英語と日本語が混ざった話し方になります。英語力の高い人はこのような話し方はしません。

仲間うちではいいかもしれませんが、一部を英語らしい発音で言っていたとしても完全なセンテンスが作れないのです。イメージしていることがひとつの言語で完結できないのはその言語の能力が欠落しているのです。

一瞬かっこよく聴こえてしまうかもしれませんが、みなさんはこのような話し方にならないよう、英語は英語で完結できるようにしましょう。

つい長くなってしまいました。話を元に戻しますが、日本語でも理解力や表現力が人それぞれ違うように、帰国子女がいちように同じ程度に英語を使いこなせるわけではありません。

では、この差はどこから生まれるのか。

これは、読書量の差なのです。

英語も日本語も言語能力が高い人、バイリンガルで英語を仕事でどんどん使っている人は、例外なくたくさん本を読んでいます。日本語でも英語でも、どちらでも多くの本を読んでいます。

読書によって、通訳に必要とされる「イメージ力」がもたらされます。

私も、日頃から活字を読むことを習慣づけています。

英語を学んでいる人は、日本語の本に加えて英語の本や雑誌などの活字にもどんどんチャレンジしてください。なるべく質の高い英語に触れ、たくさん読むといいでしょう。

最初は本1冊を読むのは難しいかもしれません。まずは英文雑誌の記事1本でもよいと思います。

何を読むべきかという質問もよく受けますが、基本的に関心、興味のあるものです。興味のないものを無理に読もうとしても、なかなか前には進みません。ビジネスパーソンなら仕事の分野、経済、時事関連の本や雑誌記事を読めば、仕事に必要な語彙も増えて一挙両得です。

でも、仕事から離れて、自分の好きなジャンルの本や雑誌を読んでもいいと思います。

とにかく英語の本や雑誌に触れて英文をたくさん読むこと。これが英語で「本質をとらえる力」をつけてくれると私は信じています。

翻訳を読んでから原書を読もう

読書は言語能力の礎《いしずえ》。たくさんの英語の本を読むことが英語力を高めます。読書量を増やすことは「イメージ力」の向上につながります。

ただし洋書は、日本語版を読んだ後に目を通すことも多いです。翻訳版が出るまで時間がかかる場合は原書を読みますが、最近は話題作、注目作の翻訳版はすぐに出版されます。

『スティーブ・ジョブズ』はオリジナルと翻訳版が同時に発売されたので私はまず、翻訳版を読みました。このように翻訳がすぐ出版されるときは、まず日本語版を読んで内容を把握してから英語を読みます。

私は日頃英語に触れていますが、それでも英語の本を読むのは、日本語の本の何倍もエネルギーが必要です。ですので、気になる本はまず日本語版を先に読むことにしたのです。

おもしろかったら、その後オリジナルの英語版を読む。

すると日本語訳ですでに内容が頭に入っているため、英語の本が楽に読めます。しかも内容を知っているとはいえ英文を読んでいるのに変わりはありません。英語らしい表現に強い印象を受けたり、感銘を受けたりします。

この「日本語訳→原書」という読書スタイルで私は、数多くの英語の本を読んできました。仕事が忙しい中、最初から英文で読もうとしたら、気持ちがめげて読めなかった本も多かったのではないかと思います。

以前、AERA English（朝日新聞出版）で連載をしていたときには、洋書をご紹介していました。先ほど出した **Steve Jobs** のほかには **Moneyball**（邦訳『マネーボール』）や **Getting to Yes**（邦訳『ハーバード流交渉術』）などを紹介しました。

実際に経営者さんの通訳をする機会に恵まれたので、そのとき読んだのはこちらの2冊です。

■ **The Facebook Effect**（邦訳『フェイスブック—若き天才の野望（5億人をつなぐソーシャルネットワークはこう生まれた）』）

これは出てすぐに読みましたが、実際にマーク・ザッカーバーグさんの通訳をすることになったので読んでおいてよかったです。邦訳版が出た2011年当初はタイトルにあった数字は「5億人」ですが、その後2012年10月には利用者10億人突破というニュースになり、時代の変遷の速さを感じます。

■ **Delivering Happiness**（邦訳『ザッポス伝説』）

ザッポスCEOのトニー・シェイさんは過去に何度か通訳をしたことがあります。最初に通訳したときはまだこの書籍は出ていなかったのですが、アメリカで話題になっていた会社だったため、本が出てすぐに購入して読みました。お会いしたトニーさんは本にあるように、あるいはそれ以上に気さくで人のことを思いやるタイプで、思想家的なものを感じました。

日本語版を読んでおくと、英語がスラスラ読める

この読書スタイルは英語学習中の知り合いにもよく勧めるのですが、「正解を見た後で問題を解くみたいだけど、いいの？」とよく訊かれます。答えは「OK」です。

目的は、たくさんの本を読んで表現を学ぶことです。

つまり読書から、通訳に必要な「イメージ力」をつけることなのです。その目的を達成するためのプロセスは敷居が低いやり方、ストレスが少ないやり方でよいと思います。

英語の本を読みこなしていくのは、よほどのリーディング力がないかぎり、かなり大変です。最初の数ページを読むにしても、知らない単語、読み解けない構

文がたくさん出てくるでしょう。読み慣れないうちは、わからない部分をピックアップして辞書で調べていくと、数ページでも膨大な作業になるはずです。

どうにか単語を調べて3ページも読んだらもうお腹いっぱい……という感じになってしまいますね。

英語の本を読もうとして、こうした理由で挫折してしまったという方は多いのではないでしょうか。

でも先に日本語訳を読んでおくと、まったく違います。

知らない単語が出てきても、少し難しい文章が出てきても、内容がわかっているので読んでわかるんですね。英文を完全には理解できなくても「多分こういうことが書かれているはず」「あのシーンだ」と内容を類推でき、どんどん先に進めます。これまでは1章も読めなかったという人でも、気がつけば本の半ばまで読んでいることでしょう。うれしくなってさらに頑張ると、1冊読めてしまう。これは達成感があります。

たとえ日本語訳を読んでいたとしても、実際に英語の本を1冊読んだことには変わりありません。こうして英語の本をたくさん読むうちに英語のエッセンスを吸収し、英語力が豊かになっていく、と私は思います。

なお、日本語→英語の読書では、内容を把握できるのであれば知らない単語はいちいち引く必要はありません。本の中に何度も登場するようなキーワードや気になる単語だけ調べて、どんどん読み進めましょう。

翻訳→原書方式で培《つちか》う「予測力」

日本語版を読んでから英語版を読む読書スタイルのメリットの中でも特に重要なのは、**「予測力」**がつくという点です。「類推力」とも言いますが、知らない単語があったとしても、内容を推測しながら読み進める力がつくのです。

「予測力」を高めることは、「イメージ力」を高めることにつながります。

英語を読んだり、あるいは英語の話を聴いたりするときに、とても大切なのが予測力です。予測力とは、会社の英文レポートを読んでいて知らない単語があっても、文脈的に、たとえば「業績が落ちた原因についての話だな」と推測することで内容を理解する力です。

予測力をつけるには、たくさんの英文に触れること。たくさんの英文を読んだり、たくさんの英語の音声を聴いたりするうちに次第についていきます。

邦訳を読んでから英語の本を読む、という「日本語訳→英語の本」式読書だと、知らない単語や難しい構文の文章が登場しても「日本語版のあの部分かな。ということはこの単語はこういう意味では？」と自然と類推することになります。「これが予測力か」と実感できるはずです。

知らない単語は全部調べないと意味がわからない気がしていた人も、気がつけば類推で読んでいく、だいたいの意味をつかんで読み進めていく感覚がつかめるでしょう。

予測力がぐんぐん身につく「辞書クルージング」

もっと早く予測力をつけたい人はどうするか。

類語辞典と英英辞典を「読む」ことです。電子辞書を持ち歩いて、すきま時間などに最近出会った英単語や、そのとき日本語で考えていることを英単語にして、それを引くのです。

たとえば何か文献を読んでいて**stagnant**という単語があったとしましょう。調べものをしたときにその単語がわからなかったので「英単語帳エクセル」に記入します。それを取り出して、類語辞典を引き、英英辞典を引くのです。

類語辞典を引くと、2種類の使い方が載っています。

ひとつは **stagnant water** という言い方。

そこに連なっているのは **still, motionless, static** などといった単語です。

still や **motionless** は「動きのない、静止した」といった意味です。**motion**（＝モーション、つまり動き）が **less**（ない）のだからこのあたりはわかります。

そうだ、**stagnant water** は静止している水、流れていない水ということだろうから、ちょっとよどんだニュアンスがあるのだろう、と推測します。

また、ここで **static** という単語を知らなくても **still, motionless** の仲間、ひいては **stagnant** と同じような意味、として覚えておくとひとつ語彙が増えたことになります。

そしてもうひとつは **a stagnant economy** という言い方です。

そこに連なっているのは **slow, slow-moving, dull, declining, sluggish** などです。

slow や **slow-moving, dull** から推測すれば停滞している、暗いイメージを思い浮かべられます。

ここから、そうか、**a stagnant economy** は「停滞している経済」という意味か、と推測できるわけです。

ここで、「そういえば The Economist で読んだ記事に **declining** とか **sluggish** はよく出てきたな」と思い出します。これらは不景気や不況の記事によく使われる単語と記憶がよみがえれば、一緒に覚えられます。

ここから英英辞典に移ります。

英英辞典には **stagnant** は、

1）**not flowing**　2）**not active, changing, or progressing**（**Merriam-Webster**）

という説明があります。

1はまさしく先ほど類語辞典で引いた **stagnant water** と合致します。

そして2は先ほどの **a stagnant economy** の推測と合致します。

ここでパラフレーズをする練習を、自主的に展開することも可能です。

たとえば、

We're concerned that the economy remains stagnant.

経済が停滞しているということを懸念に思っています。

という文を自分で作成します。

それを言い換えたいときは、**stagnant** のところに **sluggish** や **slow** などを入れてみるのです。

We're concerned that the economy remains sluggish.

We're concerned that the economy remains slow.

英語には相性のよい英単語の使い方がありますので、どの単語を使ったらよいかを Google で検索したり辞書を引いたりして、その感覚を鍛えましょう。

これくらいしたら 5 ～ 10 分、最初のうちは 15 分くらいは経過するでしょう。

私は、ここからあと 2、3 の単語を連鎖式に選んで辞書クルージングをしています。

この場合だったら、このあと **progress**（**stagnant** の英英辞典の定義で出てきましたね）を選びます。なぜならばビジネス関連の書籍や資料を読むとひんぱんに出てくる単語だからです。

progress を類語辞典で引く

→　名詞の場合の類語と動詞の場合の類語が出ている

→　まずは動詞に絞って類語を見る（先ほどは **not progressing** と出てきたのでとりあえずは動詞から）

→　ふたつ意味があって、ひとつは **they progressed slowly back along the grass** という例文。

類語は **go, move, proceed, advance** など。ならばこ

れはものの動きとしての「進む」という感じかと推測する。

→　もうひとつは **the practice has a strong commercial base and has progressed steadily** という例文。類語は **make progress, develop, get better, improve, grow** など。ならばこれはものごとが「進む、進展する」という感じかと推測する。

次に、**progress** を英英辞典で引く

→ふたつ意味が書いてあり、ひとつは **to move forward in time**。これは類語辞典のひとつめの定義に似ていると感じる。

→ふたつめは **to improve or develop over a period of time**。なるほど、時間の経過とともに改善したり発展していくことか、とひざをたたく。

→自分で例文を応用する

まず、英英辞典の例文を書きとめましょう。

The project has been progressing steadily.

（プロジェクトは着々と進んでいます）

→　類語を入れてみる

→　**The project has been making steady progress.**

言い換え、パラフレーズができた！　**progress** のイメージがつかめてきましたね。

類語辞典で
「イメージ力」を身につける

動詞の**progress**についての深掘りはここまでにして（もっとできますが）、名詞の**progress**、そして次は**progress**を引いたときに類語辞典にも英英辞典にも出てきた**develop**を引く……、というように、類語辞典、英英辞典を使ってさまざまな英単語、英文と出会う旅を繰り広げます。

stagnantから始まった旅が、ここまで広がったわけです。

私はこの「類語辞典、英英辞典を読んで英語に出会う旅」が大好きで、英語を学び始めた当初からやっています。これだけで数時間楽しく過ごすことができるのです。

こうして私は通訳に必要な、英語を映像、イメージでとらえる「イメージ力」がついたのだと思います。それぞれの英単語のニュアンスの違いや、どの英単語とどの英単語が相性がいいのか、どの英単語は一緒に使われないのか、といったことを身につけてきました。

みなさんもすきま時間に類語辞典を引いてみる、というところから始めてみてください。

本当にあっという間に時間が過ぎますよ！

予測力が身につく リーディングのやり方

英語のコミュニケーション力を高めていくには、予測力が不可欠です。

予測力は「類推する力」とも言い換えられます。予測力があればカンファレンスで英語のスピーチを聴いていて、細かいところまで聴き取れなくても「口調が熱くなってきているし、たぶん会社の業績のV字回復について言っているんだろうな」と想像しながら話についていくことができます。

一言一句100％理解できなくても7、8割程度が理解できれば、文脈から全体を類推してコミュニケーションは成り立ちます。同時通訳をしなければならない状況でなければ、それで十分なのです。

予測力をつけるのに一番効果的なのは、英文にたくさん触れることだ、とお伝えしました。

まずは類推の体験ができる方法として**「翻訳書→原書」式読書**と**「辞書クルージング」**を紹介しましたが、さらに予測力を効果的に身につける、リーディングをしながらの勉強法を紹介しましょう。

リーディングは「最初」と「最後」の段落に注目する

英文を読むときは、できるだけハードルを低くします。それがポイントです。

たとえば、英語の雑誌記事などの長文を読むことを習慣にすることはとても有益なことです。しかしそこに書いてあることを一語一句すべて理解しようとしなくていいのです。こういった長文を読む目的は、正確に英文和訳をすることではありません。情報収集として英語を読むことが目的です。辞書もできるだけ引かないようにし、内容を類推するように読み進めるのです。

きちんと日本語に翻訳して読む必要などないのです。さらっと読み飛ばして、たくさん触れればいいのです。

こういった英語長文には、読むポイントがあります。

もっとも注目すべきは、最初の段落と最後の段落です。まずは、ここだけ読みましょう。

英文の構成として一般的なのは、「序論・本論・結論」という形です。通常は「序論」は最初の段落で、「結論」は最後の段落で語られます。つまり、どんなに長い英文記事であっても、その内容は最初と最後の段落に凝縮されているわけです。

したがって、まずは「最初」と「最後」の段落だけを読む。もちろん、新聞や雑誌の記事の場合は、見出しも読んでください。ただし、見出しの中にシャレを含んでいるようなおしゃれすぎる場合もあるので、かえって意味がわかりづらいこともあります。そんなときは、見出しにこだわるのはやめましょう。

日々英文記事を読んでいく中ではこの段階で「この内容はそこまで詳しく掘り下げなくてもいいかな」と自分で判断してもいいのです。何かの英文を読み始めたら、興味がなくても読み切らなければならないと思わないでください。もうみなさんの英語との取り組みはテスト勉強ではないのです。

最初の段落と最後の段落を読んだ段階でもっと読み進めたいな、と思ったらざっと各段落の最初の単語やフレーズを読んでみてください。接続詞の使われ方で、その記事全体の構成をとらえます。ここでだいたいの文章の流れを押さえるのです。

このように書くと、実際の英文を読むまでが長いように感じますが、実はその逆です。先に最初の段落、最後の段落を読み、全体の流れを頭に入れておくと読むスピードが確実に速くなります。また、その記事自体を読むべきか読まないべきか、自分で判断することができます。極端なことを言えばいろいろな記事の最初の段落と最後の段落を読んでみる、ということから始めてもいいわけです。

そして全文を読みたい、と思う記事であれば全文を初めから読んでいきます。

このときに、意味を類推しながら読むのがポイントです。全体の意味を取るのと同時に、知らない単語や難しかった文章の意味も類推してください。自分の類推をノートに書いてみてもいいですね。

その後、辞書を引いて単語の意味を調べたり、あるいは教材なら日本語訳にあたったりして、どの程度自分の類推が当たっていたかをチェックします。

この検証作業が大事です。近い意味だったか、まったく当たっていなかったか。検証することで、自分の類推力が的を射ていたかどうかもわかりますし、知らなかった単語や熟語、読み取れなかった構文も印象に残るので、覚えやすいです。検証作業を終えたらもう一度文章を読みましょう。しっかりと英語が頭にしみつくでしょう。

英会話などのアウトプット練習と同じで、ここでも

「フィードバックを生かすこと」が大事なのです。

「読む→全体を類推→検証→復習」とひと手間かけることで、効率的に予測力を身につけましょう。

ディクテーションは英語学習の王道

英語学習で一番効果があると私が思うのはディクテーションです。英語の音声を聴いて書き写していくいわゆる「書き取り」です。ちょっと手間のかかる作業ですが、ディクテーションを続けると英語力全般が高まっていきます。

イギリスの小学校に通っていたとき、授業でディクテーションの時間がありました。先生が教科書を読み、みんなでそれを書き取るのです。スペリングが合っているか、前置詞がちゃんとわかっているかといったチェックをされました。

ネイティブスピーカーであっても、子供たちはスペリングや前置詞の使い方は学習する必要があります。ディクテーションをすると、その子が英語を正しく理解しているかどうかがわかります。そして間違いをチェックされることで、さまざまな単語のスペリングや前置詞をはじめとする語法を、英語圏の子供たちも学んでいくのです。

フィードバックを生かして
予測力を身につけましょう

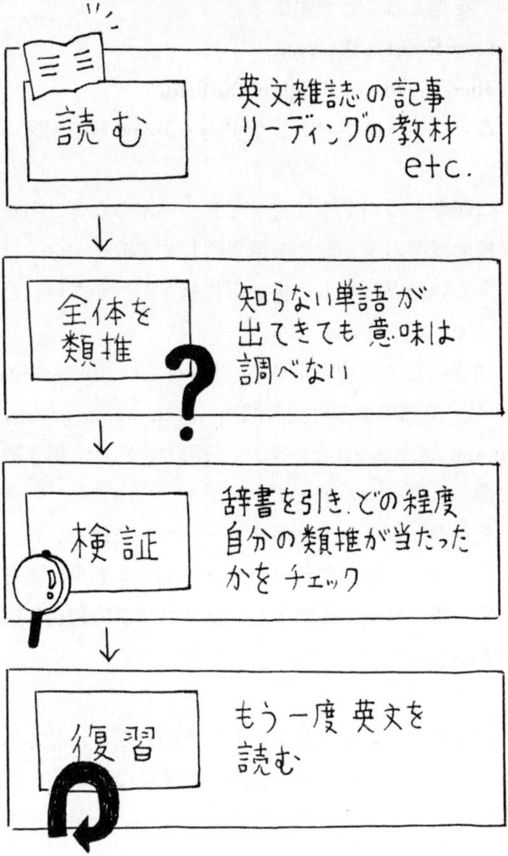
読む
英文雑誌の記事
リーディングの教材
etc.
全体を
類推
知らない単語が
出てきても 意味は
調べない
検証
辞書を引き、どの程度
自分の類推が当たった
かを チェック
復習
もう一度 英文を
読む

彼らにとってのひとつの関門は、数えられる名詞と数えられない名詞、いわゆる「可算名詞」「不可算名詞」を覚えることです。

I saw fishes in the river.

There are lots of sheeps in the field.

などは、子供がおかしやすい「かわいい」間違いです。

口頭だとこのように言ってしまいがちなところを、学校の授業の書き取り演習を通して **fish** や **sheep** はたくさんいたとしても、複数形には **s** がつかない、と習うのです。

同様にして、現在形や過去形（**I eat** →過去形は **I ate** など）、主語による動詞の活用（**I eat, you eat, he eats, we eat, you eat, they eat** というアノ活用です）を、書き取りを通して学んでいきます。

そう考えるとネイティブスピーカーではない私たちにとっても、**ディクテーションは大きな効果があるのです。特に文法力の向上と、リスニング力強化に有効です。**

ディクテーションをすると、英語のどこが聴き取れないのか、リスニングの弱点が明確になります。聴き取れているつもりで聴き取れていなかった言葉、苦手な言葉を自覚することによって、意識してリスニングの練習ができます。

また、文法的に間違えて覚えていたところや、知らなかった文法事項を文を通して確認することができ、その結果、苦手な文法やリスニングも次第にわかるようになるのです。

もうひとつ、英語圏に住む子供たちでも間違えてしまいがちな文法は **should've** や **could've** です。

We should've started earlier.（もっと早くから始めればよかった）といった文も音だけを聴いて、文法事項をまだ知らないうちは **We should of** ～と書いてしまうのです。

それをディクテーションで書き起こすことによって、間違いを自覚し、新しい文法事項として覚えていきます。英語の音を聴くことから始めずに、文法事項から習い始めた人はこのような間違いはしませんが、この例は英語を音で認識できているからこその間違いともいえますね。

英文を書き取るうちに、語彙や英語表現が身につき、英語の構文への理解も深まっていきます。結果としてリーディングやスピーキング、ライティングなどの力もつき、総合的に英語力がアップするのです。

映画１本ディクテーションしてみた

海外経験は子供の頃、そして高校で１年間ありましたが、その後も英語力をキープしたいと強く思っていました。そこで、英語力をブラッシュアップするために思い立って行なったのが、映画のディクテーションです。

ディクテーションしたのは、まだ若くてかっこよかった（今でもかっこいいですが）イーサン・ホークとフランス人女優ジュリー・デルピーが主演した、「Before Sunrise」（いまだに邦題の「恋人までの距離（ディスタンス）」に馴染めずにいるのは私だけでしょうか。続編のBefore Sunsetが出てからは「ビフォア・サンライズ」と改題されたと聴いてうれしく思っています）という映画。

ヨーロッパを走る汽車の中で出会ったアメリカ人の青年ジェシーとフランス人の女性セリーヌが途中下車して二人で街をめぐるといった、１日だけのロマンスもの。

この映画は、登場人物が基本的にこの二人だけ。あとは街を歩きながら出会う人たち、という感じで、この二人のせりふを中心に映画が進んでいくのです。

この二人のおしゃべりが粋で、ウィットに富んでいると思いました。まじめでちょっと近寄りがたい知性派のセリーヌが繰り出すせりふに、アメリカ人らしく（?）おおらかな笑いをもって返すジェシーのやりとりが知的なのです。

たとえば、ヨーロッパを横断する汽車の中で最初に二人の目が合ったときに交わされた会話は、こんな感じです。

Céline: Have you ever heard that as couples get older, they lose their ability to hear each other?

Jesse: No.

Céline: Well, supposedly, men lose the ability to hear higher-pitched sounds, and women eventually lose hearing in the low end. I guess they sort of nullify each other, or something.

Jesse: I guess. Nature's way of allowing couples to grow old together without killing each other.

What are you reading?

汽車の中で声を上げて口げんかをはじめた中年のカップルを見て、二人はおしゃべりを始めるのです。

男女がお互いに年をとっていくと、男性は高音が聴こえなくなり、伴侶である女性の声が聴こえづらくなる。女性は逆に低音が聴こえなくなり相手の声が聴こえづらくなる。こうすることでお互いの言っていることが聴こえなくなり、殺し合うことを避けられるのだ、という会話です。「〜って知っている？」といった雑学の話を通して、お互いの男女に関する見方をさぐるようなはじまりだと思いました。

このあとも、二人が子供の頃の思い出や、今の状況や、人生について思うことなどを徒然《つれづれ》に話していくのです。見た感じは強気だけど現実的で悲観的なところのあるセリーヌと、明るくて前向きでも自分のことを客観視しておかしみをもって話を展開していくジェシーとのやりとりに魅了されました。

また、英語が母国語ではなく、フランスアクセントも強いながらも、自分の考えをしっかりと英語で紡《つむ》いでいくセリーヌの話し方にもとても好感が持てました。自国の言葉のアクセントが英語に反映されるのも素敵だなと思い、英語が母国語ではない私も、彼女のように堂々と英語で意見を言ったり、雑学を披露したりしてみたいと思いました。

映画の中で出てくるせりふも、書き出してみるとシンプルなものが多かったです。

たとえば橋から街を見下ろすときにジェシーは、**This is a nice bridge.** と口火を切ります。「この橋素敵だよね」といった感じです。最初にちょっとしたことを言って場をなごませることもできるな、と思いました。

映画ではこのあと、セリーヌが**This is kind of weird.**「これってへんだわ」と、自分たちが突然汽車を降りて二人旅をしている状況に対して言います。ジェシーの橋へのコメントに対応するのではなく、**This is**～という構文は受けるのですが、話は現実を向きます。ジェシーは気まずさをまぎらわすために橋が素敵だといい、セリーヌは「この空気ビミョウ」みたいなことを返すのです。

こんな調子で話は続いていきます。当時の私にはまぶしいばかりのストーリーとせりふまわしに感銘を受けて、何を言っているのか知りたい、せりふを何度も読み返したいと思って、これを１本まるごとディクテーションすることにしたのです。

３～４時間の時間があいている週末を選びました。それくらいのまとまった時間がないと、ディクテーションが進まないからです。日曜日は父がゴルフで留守だったのでゴルフ番組にチャンネルを奪われることもありませんし、弟は部活か何かで留守にしているので、格好のディクテーション日和《びより》。

デッキにビデオ（当時はビデオでした。DVD以前のお話）をセットし、テレビの前の床に座ります。ソファに座っていたらよく聴き取れないし、緊張感がありません。テレビの前の床にメモ用紙とえんぴつとリモコンを用意して正座します。正座するのは床に置いた前の白紙にメモを取るためです。そしてテレビに近づいて、前のめりの姿勢でメモを開始する準備をします。テレビに近いと口の動きや表情が見えるので、言っていることを推測しやすくなります。

傍《かたわ》らに、辞書を用意します。スペリングや意味を確認するためです。当時は電子辞書も持っていなかったので紙の辞書です。

そしてビデオを再生します。

最初は一文ずつを書き取るイメージです。一文も一度では書き取りきれません。だから、ビデオをいちいち止めながら書き取るのです。やっているうちに、聴くだけよりも、自分で彼らのせりふを繰り返して言うと覚えやすくなって、一度に書き取れる量が増えることに気づきました。書き取りたい一心で、リピーティングやリテンションの練習をしていたことになります。

2～3文まとめて聴き取ったり、長いせりふがあったりする場合など、一度では書き取れなかったときは何度も巻き戻して聴き直しました。

巻き戻すときに、再生ボタンがきかずにかなり前まで戻ってしまうことも多くありました。

その場合は自分の書いたところと実際の映画のせりふが合っているかの確認時間と割り切って、一緒に書いてあることを映画に合わせて朗読していました。

合点がいかない単語が出てきたときや、つづりがわからない場合は、手元の辞書を引きます。途中で、いちいち引いていると非効率であることに気づき、5〜6分以内のスパンでふたつ3つ引きたい箇所が出てきたらまとめて辞書を引くようにしました。

この作業は、日曜の午後だけでは終わりませんでした。何日かかかったように記憶します。再生ボタン、一時停止ボタン、巻き戻しボタンを何度も何度も押しながらせりふを書き取る作業は膨大な時間と労力がかかりましたが、確実に前進するので、かなり充実した作業です。

ディクテーションが最強の学習法である理由

当時は英語力をつけたいという思いよりも、好きな映画の中のせりふを知りたい、読みたいという思いが強かったです。が、結果的にこの作業をすることで、英語力が総合的に上がりました。

まず、リスニング力が鍛えられます。また簡単なせりふは口をつくくらいになるまで覚えてしまうので、ちょっとした会話ならできるという自信になりました。書き取りをしているので、もちろんたくさんのライティングをしていることになります。せりふは話し言葉なので形式的なライティングには直接結びつきませんが、語彙力や文章のバリエーションが増えるので、自分の思いを表現する言い回しのストックができました。

また、自分が書いた文を繰り返し読みながら書き取りを進めるので、リーディング力も上がりました。語彙力や構文の知識も増えました。

さらに、自然な会話によくあるようなきっかけの言葉も増えました。たとえば**You know what?**は「ねえ、知ってる？」という感じだし、**That's the river, right?**の**right?**の使い方は「〜だよね？」というニュアンスで使える、という感覚がわかりました。

私は今でも、英語を習得するにはディクテーションが最強の方法だと思っています。これは、通訳の学校で学んだことではなく、私の実体験に基づく実感です。

私は好きな映画のせりふのディクテーションをしましたが、もちろんYouTube動画で見つけたスピーチでもいいでしょう。

今ならDVDやCD素材、さらにはインターネット上にもディクテーションに使えそうな音声素材はたくさんありますし、操作は簡単です。書き写すのも、パソコンのキーボードでどんどん入力することができます。以前に比べるとディクテーションの手間はずっと軽減されています。

今は、映画のせりふを書いた本も売っていますし、インターネットで検索すればたいがいの映画のせりふは見つけることができるでしょう。これらを読めば、どのようなことを言っているのかはわかります。

でも、大切なのはあなたが聴き取りをしながら、実際に手を動かして書き取った、という事実です。これらのスクリプトは答え合わせとして使いましょう。

いきなり**映画1本は大変であれば3分、あるいは1分程度でもよいのでディクテーションを習慣づけてみてください。本当に、英語力が飛躍的に向上しますよ。**

英語のセミナーに積極的に参加しよう

日本にいると、なかなかリアルな英語コミュニケーションを体験できないという声をよく聴きます。

しかし、さまざまな英語の交流イベントに参加したり、SNSで英語のメッセージを発信したりするなど、ちょっとしたことで英語コミュニケーションの機会は意外と増やせます。

直接的なコミュニケーションではありませんが、ビジネスパーソンにお勧めしたいのは、外国人スピーカーによる英語の講演会やセミナーへの参加です。私もビジネスや社会活動、あるいは先進的なアイデアで注目されている人のセミナーには、できるかぎり参加するようにしています。

世界のさまざまなアイデアに触れたり、傑出した人物が話している姿を見たりして、直接その話を聴けるのは貴重な体験です。そして、とても刺激になります。

私は仕事でこういった講演会の同時通訳をすることが多いので、ぜひ同時通訳の受信機やヘッドセットで通訳を聴いていただきたいという思いがありますが、中級者以上は通訳を聴かず、英語の生の表現を楽しんでください。

海外のスピーカーは、講演会で話す内容は事前に作りこんで、たくさん練習をしてきます。話すこともよく練られているので、英語のインプット体験としては

とても貴重な機会なのです。

以前、通訳を担当したダライ・ラマ氏は聴衆を深い感動に包み込みましたが、知り合いが、「ダライ・ラマさんって、英語を話されるんですね。そのことにまず驚きました」という、私にとっては思いがけない感想を言いました。チベットの方なので、チベット語を話すのかと思っていたのだそうです。オレンジ色の僧衣を身にまとった東洋の高僧のダライ・ラマ氏の口から英語が飛び出したということに驚いたそうです。

母国語ではないし、文法的に完璧かといったら、そうではないところもあります。しかし、世界中でたくさんの人に対して、英語でわかりやすく発信している姿を見るだけでも感動します。こういう経験がとても大切なのです。

実はダライ・ラマ氏は、来日講演で日本人へのメッセージとしてこんなことを言ったことがあるそうです。

Study English and see the world.

英語を身につけて、世界に飛び出していきなさい、というメッセージがうかがえます。この言葉はそれを実践している氏の口から発せられることによって大きな説得力を持っています。

事実、これを聴いた特に若い人の間では、英語学習にいっそう力が入った人が多かったと聴いています。

世界のさまざまな人の話を直接聴いて、海外事情の最先端について学んだり、新鮮な視点を得たり、あるいは問いかけられた問題について自分なりに深く考えてみる。

日本にいながらにして、著名な人の話を生で、しかも英語で聴ける機会、直接刺激を受けられる機会は、とことん利用してください。

セミナーに参加するときは、徹底的に予習して行く

「時間とお金をかけたら最大のリターンを」というのが私の信条です。セミナーに参加するとなったら、しっかり予習をしておきます。

予習をしておくと、講演で聴きたいポイントがはっきりして、能動的に聴くことができます。

以前、「マインドマップ」のトニー・ブザン氏のセミナーに参加したときに、予習として行なったことを書き出してみます。

まず、トニー・ブザン氏の日本で出版された著書を調べ、最新刊から取り掛かります。著者は時代ととも

に研究対象が変遷していくものです。その当時の最新刊は『ザ・マインドマップ』（今は絶版）という「公式本」でした。

当時は今ほどマインドマップが広まっているわけではなかったので、日本における「マインドマップ」の状況を調べました。マインドマップ以外にも似たようなメモの取り方がいろいろとあることを調べ、それぞれの違いや利点を自分なりにまとめました。

というのも、最新刊が「公式本」であると大きくうたっているということは、そうではない本が出ていて、ブザン氏が危機感を持っているのではないか、と推測したからです。

また、推薦文を書かれていて、セミナーを主催している方が神田昌典氏だったので、彼の関連書籍も数冊読みました。

自分でもいくつかマインドマップを書いてみました。書いてみて思ったこともメモしました。たとえば、色鮮やかに描きましょう、ということが言われているのですが、実際にやってみると色つきのペンを何本も持って、いちいち持ち替えるのは正直少しめんどうだな、と思ったので、それをメモしました。

そうしていくうちに、マインドマップは、時間がある程度あって自由に発想したいテーマに使うと効果的だな、とか、普段の業務のメモは黒ペンで箇条書きにするのが合っているかも、と考えるようになりました(マインドマップの講師の方からすると邪道なのかもしれませんが)。

そのほか、世界ではどのような国や地域でマインドマップが広まっているのか、どのような業界で広まっているのか、といったことを調べ、日本の状況はどのようになっているかを考えました。

インターネットで検索していると、ブザン氏とマインドマップが特集されている映像が出てきました。中には、イギリスの学校教育の中で使われて成果を上げている、といったものもありました。またその動画を通して氏の話し方を知ることができ、同時通訳の練習もしました。ただ聴きに行くだけだったのに。

……と、このような感じです。

「時間とお金をかけたら最大のリターンを」―セミナーでは必ず質問

セミナーに参加するだけでも刺激を受けることはたくさんありますが、**せっかく英語のセミナーに参加するなら、Q&Aセッション（質疑応答の時間）で質問しましょう。**

最初のうちは、質問は日本語でもかまいません。セミナーのQ&Aセッションは、素晴らしいアイデアを持った人と直接コミュニケーションする貴重な機会です。たとえ通訳を通すとしても、あなたの質問に相手が答えてくれる、とてもぜいたくな時間が過ごせるのです。これだけでも講演料のもとは取れるどころかリターンがきます。

最初は気後れするかもしれませんが、思い切って手を挙げましょう。なるべく早めにあててもらうつもりで勢いよく挙手するのがポイントです。

海外のQ&Aセッションは通常大勢の人が挙手し、さまざまな質問が飛び交います。非常に活発な印象を受けます。

しかし、日本人は質問することに慣れていないところがあるのか、講演会などのQ&Aセッションはぽつぽつと2、3人が挙手する静かな印象です。したがって、むしろあててもらえる可能性は高く、大きなチャンスだといえます。

講演会で質問するのは緊張しますし、どのような質問をするか頭も使います。できれば、来場者全体にためになるような答えが聴きだせて、またスピーカーが「その話を実はしたかったのだ！」と思ってのってきてくれるくらいの質問をしたいですね。

私が聴きに行ったブザン氏の講演は、スポーツ教育の大学の先生とコラボレーションしたものでした。

大変ためになる話ではあったのですが、会場にはビジネス関係者も多い印象を受けていました。私もスポーツや教育というよりはビジネス界の人間なので、ビジネスにどのようにマインドマップが生かされてきたか、日本でもほかの国でも、事例があれば知りたいと思いました。

そこで私は最後の質問者として、その日の講演内容に感謝しながらも「マインドマップがビジネスにどのような効果があるのか事例を交えて教えてほしい」と質問をしました。

この文は事前に英語でも考え、英語と日本語で質問させていただきました。英語で質問をする、ということは英語の文を考えて発信する、まさにアウトプットの機会になります。

ところで、この質問に対する最大のリターンは、この質問をしたことでブザン氏が私のことを覚えてくださり、残りの日本滞在のイベントにお声をかけていただいたことです。

また、その次に来日されたときには、通訳としての仕事も、講演主催者から受注することができました。

ここまでのリターンを得られるのは、そう毎回あることではありませんが、自分の英語力を伸ばし、生かす機会として真剣に、前のめりに取り組んでみてはいかがでしょうか。

Q&Aセッションで質問をする習慣をつけると、生活のさまざまな点でよい変化も起こります。

まず、以前より積極的になります。物事へのマインドセットがポジティブな方向に変わります。

講演前に「予習する」というステップが入るので、物事を先取りする、先延ばしにしないマインドにもなります。

また、いい質問を考えようと思うと、おのずと聴く姿勢も変わってきますし、感想が変わってきます。「あー、楽しかった」とか「つまらなかった」では意味がないのです。そうではなくて、講演者は何を一番訴えたいのかを考えるようになります。

つまり、通訳に必要とされる「イメージ力」、要は「本質をとらえる力」が鍛えられます。何が問題か、スピーカーはどのような危機感や問題意識を持っているのか、話を聴いた我々にどうなってほしいと思っているのか、など相手の立場に立った考え方をせざるをえなくなります。

そして、英語で発信する練習にもなります。相手の立場に立った質問を考えるために、「イメージ力」を使ってスピーカーのメッセージの本質をとらえ、「レスポンス力」を使って相手に切り込んでいく、英語力を上げる総合的なトレーニングになるのです。

英会話レッスンは、教わる場ではない

英語のアウトプット練習の代表的な場として思い浮かべるのは、英会話レッスンです。

同時通訳者の学習法とは少々離れますが、アウトプットの例として、英会話レッスンについても考えてみたいと思います。

最近は月謝制のスクールやオンラインでできる個人レッスンなども登場し、以前に比べると英会話レッスンはとても利用しやすくなっています。実際に人と会って直接的なコミュニケーションを体験するのは、コミュニケーション力を高めるうえでよいことだと思います。

ところで、英会話レッスンを受けるときの鉄則があります。

それは「教わろうと思ってはいけない」ということです。

えーっ？　英会話レッスンって先生に英語を教えてもらうんじゃないの？　と驚く人もいるでしょう。確かに「こういうときはこんなふうに言います」とか「この単語はこのように発音します」と、英語表現のディテールは英会話講師に教えてもらいます。

しかし**「何を教えてもらうか」「何を勉強するか」はむしろ受講生が考えていくべきなのです**。そのほうが俄然、コストパフォーマンスが高まります。

「今日は先生は何を教えてくれるかな」とレッスンの内容すべてを教室や先生にお任せしてしまうと、いつまでたっても「あいさつや自己紹介」「週末に何をしたか」といった限られたテーマの英会話練習にとどまって、英会話レッスンに通う効果が十分には現われません。

英会話レッスンには、受け身でぼんやりと通っていてはだめです。

費用対効果を上げるのなら「今日は電話での受け答え表現を学びたい」「クレームとそれに対応する表現を学びたい」など、レッスンで「学びたいテーマ」を先生に伝えましょう。

印象に残るような自己紹介の表現、扱っている商品の紹介、あるいは英語会議で使えそうな表現などでもいいでしょう。このようにテーマを提示すると、講師側もピンポイントであなたに必要な英語表現を教えたり、適切なプラクティスを考えてくれるはずです（もし無反応だったり、面倒くさがるような先生なら代えることをお勧めします）。

さらに、勉強していて使い方がよくわからなかった英語表現、英語会議で意味のわからなかった表現など、具体的に疑問に思ったこと、よく知りたいことを用意してレッスンに臨んでもいいですね。

その他、ブログやフェイスブックに載せる英文のチェックをしてもらうのでもいいでしょう。必要としている英語表現、すぐにも使う表現を集中的に学び、アウトプットの練習をしましょう。

ただ、ここで残念なお知らせです。

英会話レッスンに週１回１時間通っただけでは、話せるようには絶対になりません。

英会話レッスンは「英語の発表の場」。ピアノのレッスンは家で毎日のように練習してから行きますよね。英会話レッスンも日頃、一人でアウトプット練習をすること、さらに新しい単語や表現を学んだり、リスニングの練習をしたりするなど、インプットもしっかりやったうえで通うからこそ、上達するのです。英会話レッスン以外の練習をどのように行なうかがポイントとなることをお忘れなく。

理想はバイリンガルの先生

これはあくまでも理想ですが、英会話は日英バイリンガルの先生に習うのが効果が高いです。中でも、日本人の先生で努力して英語を身につけた人がお勧めです。

英語学習はあいさつや自己紹介に加え、もう少しだけ話せる「とりあえず通じる」のレベルに上がってからが、実は頑張りどころ。

このレベルは会話シーンでも相手の言っている内容がだいたいわかって、とりあえずの応答はできます。ただ、「少し複雑な表現」がとっさに出てこないため、簡単なよく知っている表現でお茶を濁しがち。「本当はこういうことを言いたいけれど、ちょっと難しいから、この表現でいいか」と妥協してしまうのです。

リアルな会話シーンでは「とりあえず通じること」が大事なのでこれでよいのですが、いつも「とりあえずの表現」に逃げていると、そのレベルから上には上がれません。それでは英語を駆使して伝えたい気持ちを伝える、というコアなコミュニケーションが取れないのです。

もうひとつ上のレベルに英語力を伸ばすためには、ちょっと無理をしてでも、言いたいことをより正確に言おうとチャレンジしなくてはなりません。そして、英会話レッスンはまさにそのための練習の場なのです。日本語がわからないネイティブの先生だと、こちらから「こういうニュアンスを表現したいのですが」「こういう意味を表現する単語は何ですか？」といった質問、疑問を伝えることから苦戦してしまいます。

優秀なネイティブの先生なら、不完全な英語表現から「もしかして、こういうことを言いたいですか？」と推察して、訊いてくれるかもしれません。

でも、その先生が訊き返してくれた言葉自体がもうひとつ聴き取れず、よくわからないということも起きてしまいます。時間もかかるし、遠回りです。お互いのコミュニケーションのキャッチボールをしようとしているんだけれど、ちゃんと球が受け取れていない状況です。

もちろん、こういうコミュニケーションの実践自体も有益なプラクティスですが、最終的に理解しあえず、すっきりしない状態で「ではまた来週」となってしまう。これはもったいない。

そこでお勧めするのが、バイリンガルの先生です。もやもやした疑問は日本語で説明して、言いたいことを英語でどう表現するのか徹底的に教えてもらいましょう。日本語がある程度わかるネイティブの先生でも

「とりあえず通じる」のレベルになってからが、頑張りどころです

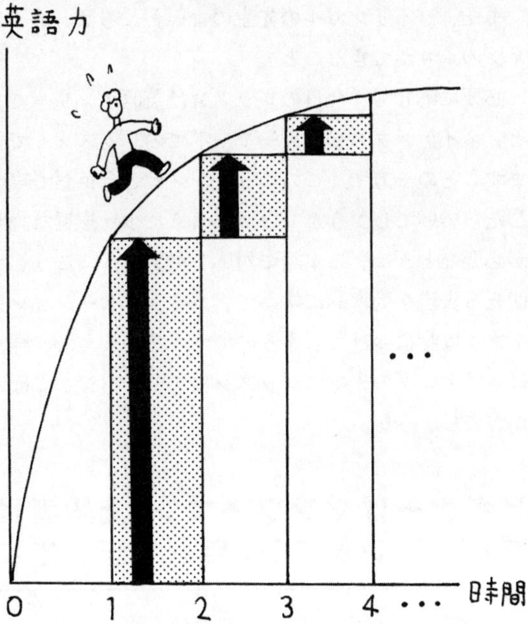

はじめはぐっと上達するが、「とりあえず通じる」のレベルになってから上達スピードが落ちる。つまり、ここが頑張りどころ！

いいですが、日本人でバイリンガルの先生のほうがより正確にニュアンスを伝えやすいです。なにより生徒側のストレスが少ないです。

また、バイリンガルの先生のよいところは、ネイティブのふりができること。

必要に応じて「今日のレッスンは英語オンリーで」と、ネイティブスピーカーモードでのレッスンもできます。その一方で「このニュアンスはどう英語で表現したらいいでしょうか」というように少々複雑な説明が必要なときは、日本語で対応してもらう。こうして使える表現を効率的に学んで、コミュニケーション力をまずは身につけてしまうのです。そのうえで、今度はネイティブの先生のレッスンにチャレンジしてはいかがでしょうか。

ビギナーはマンツーマン、上級者はグループレッスン、自習を忘れずに

英会話レッスンというと、初級はグループレッスンで、中級・上級になったらマンツーマンレッスンと考えがちですね。

でも、私はむしろ逆のほうがいいと思っています。

英語を話し慣れていない初心者は、グループだとや

はり恥ずかしかったり、気後れしてしまったりしがちです。さらに、あえてキツイことを言いますが、**英語が下手な人同士で一緒に学んでも、お互いにあまり得るところはありません。**向上心の強いグループであれば競い合って上達していくかもしれませんが、むしろみんな同じように話せないことに安心して、仲良しグループでいつまでたってもあいさつレベルから上達しないという危険性が高まります。

初級レベルは、むしろマンツーマンで先生につきっきりで英語の発音の弱点や基本的な表現をトレーニングしてもらいましょう。しっかりと事前に自分が言えるようになりたい表現を作成していき、それを英語に直してもらう、というところから始めます。

たとえば自己紹介。自分について言える文章を日本語で10から20作成します。

私の名前は阿部ケンスケです。
フェングループというところでエンジニアをしています。
私のチームには5人います。私がチームリーダーです。

など思いつくことをシンプルな日本語で書きます。

その際に、「フェングループという会社の開発部門にあるうちの保守管理をするチームのリーダーで……」と、やたらに日本語を長くしないこと。

まずは簡単な日本語文を作って、レッスンに持っていきます。自分で考えた訳や、辞書に載っていた言い回しを準備していければベストです。

自己紹介文が終われば、次は会社のことや業界の環境などを20くらい用意します。

フェングループの開発部門はふたつに分かれています。
保守をするチームと、新規開発をするチームです。
私の会社のシステムの強みは素早く、新しいサービスを発信できるところです。競合会社にはBG社とTY社があります。

といった感じです。20以上あれば、なおよしです。

これらの英文を作成し、今度は暗誦《あんしょう》できるまで頭に叩き込むのです。

このようなレッスンが可能な日英バイリンガルの日本人の先生か、ある程度日本語ができるネイティブの先生に習うといいです。マンツーマンのレッスンでもリラックスして臨めますし、自分が疑問に思ったことをどんどん日本語で質問できるのでスムーズに理解でき、早く上達できます。

そこそこ話せる中級レベル以上になったら、同等のレベルの方たちとのグループレッスンをお勧めします。お互いの話す英語が刺激になります。

「なるほど、そういう言い方もあるか」「こういう言葉の使い方もあったか」と他の人の話す英語が参考になるんですね。

中級以上のグループレッスンですと、あるテーマについて意見を言い合ったり、長めの叙述、描写をしたりするという場面も増えてきます。「この人はこういう意見を持っているのか」と、話している内容についても刺激を受けることも多いです。互いに切磋琢磨《せつさたくま》するようになって、効果的に英語力がついていきます。

つまり中級以上のグループレッスンでは、グループシナジーが生まれるのです。**会話力が伸びていく人は、実は優秀な学習仲間に恵まれているケースが多いです。**

初級レベルではマンツーマンレッスンを受けつつ、アウトプットの猛練習をして短期間で中級レベルまで上げること。そしてそこからはグループレッスンで他の受講生たちと切磋琢磨し英語力を高める……ぜひ、この方式で英会話レッスンを受けてみてください。

英会話学校に行くにしても、大切なのは「自習」の時間です。自分で復習をしたり予習をしたりすることです。

先ほどの繰り返しになりますが、週に1～2回、各回数十分から1時間程度の英語学習では、上達の速度は知れています。**レッスン以外の時間もしっかりと英語に触れる時間を増やすことが、上達の秘訣です。**

スクール選択は2、3カ所、レベルチェックテストを受けてから

かつて、英会話スクールは授業料が高かったものです。3カ月～半年間のコースで、しかもグループレッスンが基本。いきなり数十万円といった授業料を前払いで支払わなくてはならず、受講生の負担は重かったのです。そして、英会話スクールは敷居の高いものでした。

幸い、英会話スクールの授業料はその後、次第にリーズナブルになり、最近ではマンツーマンのレッスンも受けやすくなってきています。ただし、講師のレベルやレッスンのやり方はスクールによってさまざまで

す。

かっちり決まったカリキュラムに従って「英会話」を学んでいくスクールもありますし、ほとんどメソッドはなく、講師とのフリーカンバセーション（自由な会話）だけというスクールもあります。

どういうレッスンを受けるべきかは、その人が身につけたい英語のニーズにもよります。とにかく英語でのコミュニケーションに慣れたい人、ビジネス英会話を重点的に学びたい人、そしてその人の英語のレベルによって、どんなスクールでどんなレッスンを受けるべきかは変わってくるでしょう。

いきなり最初に行ったスクールに決めてお金を払い込むのではなく、まずは候補となるスクール2、3校をピックアップして、それぞれ比較検討してから決めましょう。たいていの英会話スクールは無料体験レッスンやレベルチェックテストをしています。これをまずは試してみましょう。

最近では、その場で強烈に入会のプレッシャーをかけるところは減っています。

むしろ「こちらのほかにもAとBというスクールで迷っています」と打ち明けてみて、そのカウンセラーの個人的な意見でもかまわないので、このスクールはほかと比べて何がよいのか、ほかのスクールを選ぶとしたらどこに行くか、などとつっこんで訊いてみるのもいいでしょう。そのスクールがどのくらいオープンな気持ちで生徒と向き合ってくれるかがわかります。

業界の中での評判は、インターネットなどホームページとは違うことが聴ける可能性があります。ざっくばらんにいろいろと訊いてみましょう。

学校や講師の雰囲気やレベル、授業料、通いやすいところにあるかなどいろいろ吟味し、自分に合ったスクールを選びましょう。

4

章

同時通訳者は道具を使い倒す

同時通訳者にとって、辞書は必須の道具ですが、どのように使っているのかを具体的にお伝えします。上手に使うと、「イメージ力」「レスポンス力」がぐんとつきます。その他の道具やインターネットの上手な活用法についても、ご説明します。

quiz
6

検索エンジンとして有名なGoogleですが、英語学習の際に非常に便利な、それでいてあまり知られていない使い方があります。それは、どのような使い方でしょう?

英語学習に使えるインターネットサイトや、英語のプロが使っている辞書、電子辞書と紙の辞書の使い分けについてもご紹介します。
＊ quiz の答えは 215 ページをご覧ください。

電子辞書とオンライン辞書を徹底的に使いこむ

通訳の仕事上、もっとも使うツールが辞書類です。

私は電子辞書とオンライン辞書を使う頻度が高いです。

通訳の現場では、英単語を「知っている」というだけでは不十分です。その場で、瞬時に最適な日本語に変換し、わかりやすい日本語として発する必要があります。

その点でいうと、現場で一番使用頻度が高いのは英和、和英の辞書です。瞬間的にもう一方の言語の訳がわかるからです。

ただ、下調べや普段の勉強の際はこれらに加えて、類語辞典、英英辞典なども使います。

当日読み上げられる講演の台本やスクリプトが入手できれば、全文を訳して臨みます。ただ、必ずしも話す一言一句までがわかる資料が入手できるわけではありません。プレゼンテーション資料、スライドのみの場合はそこに書かれた内容を読んでから、関連書籍などを調べて概要や背景を頭に入れます。

そして言葉に関しては、**日々辞書と向き合って訳の準備をします。私はこの過程が、「イメージ力」向上**

に役立っています。

辞書を使った準備は、次のような流れになります。

英語から日本語に通訳する案件の準備をしているのであれば、重点的に調べるのは案件のキーワードとなる単語、何度も資料に登場する単語、そして自分が瞬時に日本語で適切な訳が思い浮かばなかった単語です。新しく出会った単語もここに入ります。

まずは英和辞典で和訳を見て、案件の内容に沿った訳語を書き出します。

英単語帳を作成しているので、例文や資料の中での使われ方を書き出します。これは「レスポンス力」を発揮するために大切なステップです。

私は、この段階では英和辞典もふたつは引くようにしています。ひとつに掲載されている和訳に納得できればその単語についてはひとつの辞書でいいかもしれませんが、単語によってはひとつの辞書に掲載されている和訳よりも多くの和訳が知りたい場合が多いからです。

ふたつ引いても同じ訳しか載っていないのであれば、その訳が使用頻度の高い日本語なのだろうと自分を納得させることができます。

英和辞典の日本語が自分の思っている訳と違ったり、少し意味がわからなかったりしたら、国語辞典を引き、当日の仕事場で生かせそうな日本語を書き出します。

私は現在『大辞泉』を使っていますが、『広辞苑』などでもいいでしょう。日本語の辞書を引いておくことによって、日本語の表現にバラエティを持たせることができるのです。聴いている人に一番わかりやすい、響きやすい表現のバリエーションを持っておくことによって、現場で瞬時にいい通訳表現を編み出していけるのです。

「イメージ力」は一朝一夕では身につかない。英英辞典を使う

そして今度は、類語辞典で同じ単語を引きます。

英語で同じような意味を持つ単語を書き出し、いつでも自分が英語でパラフレーズできるようにします。これは事前打ち合わせでスピーカーと話す際に表現がワンパターンにならないためです。この通訳者は今回の話題のことはよくわかっている、と相手に印象づけられると信頼関係が築かれ、本番も息が合いやすくなります。

類語辞典によっては、類語だけではなく反対語も同じページに載っていますので、これらも参考として押さえておきます。

そして次に、英英辞典で同じ単語を引きます。

英和辞典で引いただけではわからない、その単語独特のニュアンスをつかむためです。**類語辞典を調べ、そして英英辞典を調べるのは「イメージ力」を鍛えるためです。**

「イメージ力」は、一朝一夕にはつきません。たくさんの単語と出会い、それらを掘り下げることでしかイメージする力はついていかないため、こうしたひとつひとつの積み重ねが総合的な力になって、英語で話された内容を「言葉」としてではなく「イメージ」、要は情景や映像でとらえやすくなるのです。

また、新しい概念の言葉であればGoogleなどの検索エンジンを使って、その使われ方まで調べます。

単語だけの意味がわかっても、どのように使われるかがわからないといけないからです。資料に出てきたセンテンスだけではなく、ほかにどのようにその言葉が同じコンテキスト（文脈）で使われているかを知ると、理解が深まります。

この「理解」とは、単語の意味だけにとどまらず、その日に話される内容の理解につながっていくのです。同じ単語が使われているウェブサイトやニュース記事などに出会うことができます。また、その案件に関連した話題や背景について読み進め、周辺知識の理解を深めていくことができるのです。

和英辞典でチェックした単語は、英和辞典でも調べる

逆に日本語→英語の通訳も担当する場合は、先ほどとは逆の流れで辞書類を使います。

まずは和英辞典で、キーワードやひんぱんに使われる日本語にあたる英語を調べます。

引いて出てきた英語の意味をより理解するために、すぐに、和英辞典で得られた英語を英和辞典で調べます。

資料の中に登場する重要な日本語については、ここで述べたように「和英辞典→英和辞典」と両側から引くのがポイントです。和英辞典でひとつの日本語を引いただけでは、最適な英訳にはたどりつけません。辞書では言葉の一面を引いているにすぎないからです。

そして和英→英和と引いて得られた英語を、英英辞典でさらに引きます。これでその英語のニュアンスを

深く知るのです。英英辞典に載っている意味の部分でわからないことがあれば、その意味に書かれた英語をさらに英和辞典を引いたりして、理解を突き詰めていきます。

たとえば、日本語で男女交際を表わす「付き合う」という言葉を和英辞典で引いたとします。出てくる単語は **associate** です。

ここで辞書を引くのをやめてしまうとします。「タクヤくんとヨウコさんは付き合っているんですよ」と言いたいと思って作った英作文は、

Takuya and Yoko are associated.

となります。

でも、これを聴いたネイティブスピーカーはポカンとしてしまいます。なぜならば **associate** は「連想によって結びつく」という意味だからです。

本来はここで英和辞典と英英辞典で **associate** を引き、用例を引いたらこの文脈には合わなさそうだ、とわかるのです（正解例は **Takuya is going out with Yoko.** となります）。

通訳の「準備」を実感してみよう

3章で、「パラフレーズ」ができるようになるため

に類語辞典の使い方をお伝えしました。そのときに使った「増える、増加する」という言葉を使って、さまざまな辞書を使いながら、実際に通訳の準備をしてみましょう。

ここでは実際に売上数量が増加している、というプレゼンテーションを英語に通訳する場合を考えてみます。

資料に「増加」というキーワードがあれば、まず、「増加」を和英辞典で調べます。

すぐに、「増加する」という動詞のページが開けます。

英語は **increase, grow** です。

用例として **increase** が動詞として使われる場合や、名詞で使われる場合の例文があります。また **grow** を使った例文もあります。

次に、英和辞典を調べます。

increase「大きさ、数、量などが増す、増える、増大する、増進する」といった日本語訳にたどりつきます。

次に **grow** を引きます。「成長する、大きくなる、育つ」。

このふたつの英語のニュアンスの差を日本語で理解します。**increase** はサイズなどが大きくなる感じ、**grow** は育っていく感じ、ととらえられればいいでしょう。

自分の担当するプレゼンテーションは売上数量の増加に関することなので、どちらも使って OK と判断。そして、話の中で徐々に数が伸びているイメージのところでは **grow**、大きさの話をしているときは **increase** を使おう、などと自分で作戦を立てるのです。

さらに、その**自分のニュアンスに関する感覚が正しいのかを、今度は英英辞典で確認します。**

increase は「**become or make greater in size, amount or degree**」要は大きさ、量や度合が大きくなること、大きくすることです。

grow は「**become larger or greater over a period of time**」とあります。時間の経過とともに大きくなること、であり、ここで時間の概念がこの言葉には含まれているのだ、とはっきりと認識できます。

また、ほかの意味のところに「**undergo natural development by increasing in size and changing**

英和・和英・英英辞典を使いまくって、「イメージカ」をつけよう

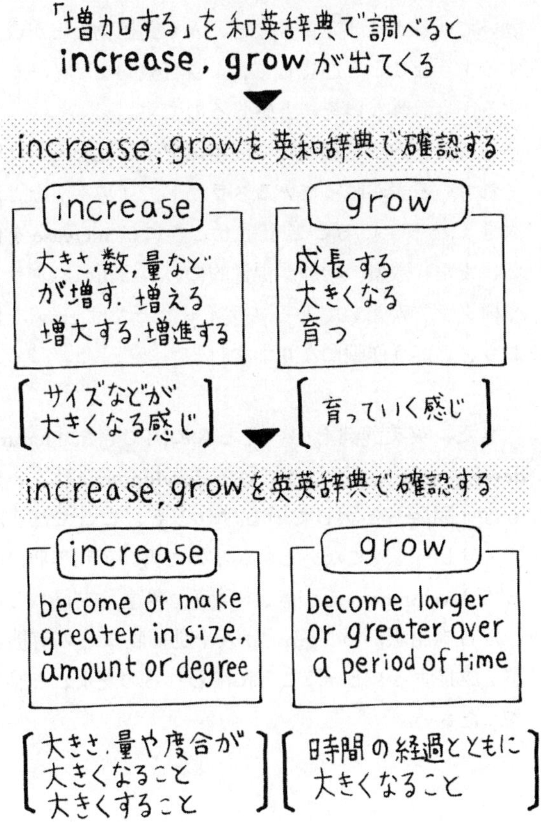
「増加する」を和英辞典で調べると
increase, grow が出てくる
increase, growを英和辞典で確認する
increase
大きさ,数,量などが増す. 増える
増大する.増進する
grow
成長する
大きくなる
育つ
サイズなどが大きくなる感じ
育っていく感じ
increase, growを英英辞典で確認する
increase
become or make greater in size, amount or degree
grow
become larger or greater over a period of time
大きさ.量や度合が大きくなること
大きくすること
時間の経過とともに大きくなること

physically」という説明があります。要は大きくなるといった物理的な変化をともなった自然の発育を指すことがわかりますから、**grow**という言葉を使うと、聴いている人は「発育」など、人や動植物などが成長するようなことと連想して、より有機的なイメージをするかもしれないぞ、と感じるのです。

ここで、数字を羅列して前年比や予算比などが比較されている表が載っているスライドで「数字」などが大きくなっていることを言うときには**increase**を使い、また、数量の増加が視覚的にわかる折れ線グラフや棒グラフが書いてあるスライドなどでは**grow**を使おう、という作戦になります。

また、英英辞典を引いたときに出てきた「**natural development**」で使われている**development**は、いつもは「開発」と訳しているけれども、ここでは「開発」はしっくりこないとわかるので再び英和辞典に戻って**development**を引き、「発育、発達、成長」といった日本語訳から、**grow**は人や動植物などの有機物が「成長する」ということに使われるのだな、と感じてください。

辞書を駆使して、通訳の際の「作戦」を立てる

ここまでが、日本語資料で「増加」を見つけたときにすることです。

そして、これは類語辞典を引かなくても連想できなければならないポイントですが、「増加する」は日本語で「増える」とも言うことに気づき、今度は「増える」を引く旅が始まります。

まずは「増える」を和英辞典で引きます。

和英辞典の相当ページには **increase**（数・量が増える）、**multiply**（倍加する）などがあります。用例のところには **keep increasing, triple, gain, propagate, breed** などが使われたセンテンスがあります。

次は英和辞典です。**increase** は先ほど引きましたから割愛《かつあい》できます。この段階で「増加」とか「増える」という日本語に対しては、**increase** は汎用性が広いことがわかります。

propagate や **breed** は「殖える、繁殖する」という用例で出てくるので、今回のプレゼンテーションではむしろ使わないようにします。

gainを英和辞典で引くと、「獲得する、入手する」という意味合いが大きいので、こちらもあまり今回のプレゼンテーションでは使わなさそうです。ただ、売上が増えたことでマーケットシェアが増えた場合などでは使えそうです。

gainを英英辞典で引くと **increase the amount or rate of something, typically weight or speed** となっています。なるほど「太る」って **gain weight** って言いますね、と自分の英語のイメージ力の引き出しから連想できるようになっておきましょう。

obtain or secure something wanted or desirable ともありますので、得たいと思っていたことを獲得できることに使える、ということを再確認します。

ここで **gain market share** と本当に使えるかどうかを Google の検索窓に入れて調べます。

そうすると **Strategies to gain market share**（市場シェアを獲得するための戦略）とかマイクロソフトやP&Gが市場シェアを伸ばしたことに言及するニュース記事やオピニオン記事が上位に登場します。今回のプレゼンテーションでも、シェア獲得といった話題には **gain** を使おう、と作戦を立てられます。

multiply（倍加する）や **triple**（3倍になる）なども同様に、英和辞典を引き、意味を探ります。そして、プレゼンテーションで数字が2倍、3倍と大きく増加することを言うスライドではこれらを使おう、と作戦を立てます。

increase や **grow** 一辺倒ではなく、表現にバリエーションを持たせると、プロフェッショナルな響きになります。

このように表現を掘り下げて、実際に効果的に使えると、聴いている方がプレゼンテーションによいイメージを持てる、効果的な話し方ができるわけです。

また、ここで **increase** を類語辞典で引くと、より一層表現力が増します。パラフレーズの練習の章で引いたとおり、**increase** のほかにも **grow, boost, expand** などを語彙として頭にインプットしていますので、現場でそのとき使われた日本語のニュアンスに応じて「増える、増加する」ということを表現していくのです。

ひとつの言葉についてでもいくつも辞典を使うのは、すべて「イメージ力」をつけるためです。こうすることで和英辞典だけでは不自然になりがちな英訳表現を、なるべくこなれたものにします。

連語辞典で「相性のよい単語」を知る

日本語→英語の訳を考える際に重宝しているのが、連語辞典です。

その単語が、どのような単語とつながるかがわかる辞書です。

英語にはつながりやすい、相性のよい単語同士というのが存在します。ある英語の文章が自然か、自然ではないかは、私たちにはわかりません。ただ、その感覚は連語辞典を使うことで鍛えることができるのです。

どのような前置詞とつながりやすいか、またどのような言葉で修飾されやすいかがわかり、その単語の持つ広がりが習得できます。

前置詞を知ることで「レスポンス力」が強化でき、修飾語などを知ることで「イメージ力」が養われます。

たとえば**operate**「運営する」という単語を、会議で使いたいとします。

連語辞典を引くと、**operate**を修飾する副詞には、**effectively**（効果的に）、**efficiently**（効率的に）、**reliably**（確実に）、**continuously**（継続的に）などと出てきま

す。

そこで用例センテンスを読んで覚えるのです。

そうすると、次の機会に実際に使えるようになります。

We need to operate this system more effectively.

このシステムはもっと効果的に運営しなければなりません。

というセンテンスを作ったら、次の会議でこのように発言して、問題提起をしてもいいわけです。

あるいは **electronically**（電子的に）、**manually**（手動で）、**remotely**（リモートで＝リモコン操作で、とか遠隔的に、ということ）などとも相性がいいのがわかります。

これは **operate** を「操作する」という意味で使ったときに使えますね。

また **be designed to -, be easy to -** とも使えると書いてあります。「〜として運用されるよう企画されている」とか「簡単に操作できます」という文を作りたいときに使える表現です。

このように、英語が母国語でない人にとっては、とてもありがたい辞書といえます。

よりネイティブに近い感覚、聴いていて自然に違和感なくわかりやすい英語を身につけるために、私は日々連語辞典と向き合っています。

実際に使っている辞書リスト

私が主に毎日の仕事で使用している辞書類は下記です。

なお、現在使っている電子辞書は、カシオのエクスワードです。

余談ですが、NHKの英語講座が最近の機種には取り入れられています。私が担当した2011年度の講座もカシオのエクスワードXD-N8500に取り入れられています。コンテンツを提供した者としてはひとりでも多くの方に見ていただけるのはとてもうれしいことです。ビジネスレベルの英語に磨きをかけたい、という方は「入門ビジネス英語」が掲載された辞書を使いこなしてみてください。

【英和辞典】

・リーダーズ英和辞典
・ジーニアス英和大辞典

これらはブランドにあまりこだわらずに、手持ちの電子辞書に入っているものであれば大丈夫ですが、さまざまな解釈があることを知るためにも、ひとつの単語についてふたつの英和辞典は引いたほうがよいです。したがって、電子辞書にもふたつの英和辞典が入っているほうがいいです。

【和英辞典】

・プログレッシブ和英中辞典

これも私が現在使用している電子辞書に入っているものです。

私の場合、和英辞典は英訳を作るきっかけをさぐるツールです。なのでひとつあれば十分です。

【英英辞典】

・Oxford Dictionary of English
・Merriam-Webster's Learners Dictionary
・Merriam-Webster Online
・Dictionary.com

など。

これは私が使っている英英辞典の一部です。

自分で意味がしっかりとわかるまで、英英辞典は何度でも引きます。

【日本語類語辞典】

・類語国語辞典（角川学芸出版）

【検索エンジン】

・Google.com

「co.jp」版ではないところがポイントです。検索窓を使う際は、スクリーンの右下で.comかco.jpかを選べるようになっているので注意してみてください。

【類語辞典】

・Oxford Thesaurus of English
・Thesaurus Online

【連語辞典】

・Oxford Collocations dictionary for students of English

英語を勉強している高校時代から、Thesaurus と Collocations dictionary は何度も何度も引いています。

普段、仕事の準備の際には時間の制約があるため、私は時間を気にせずに辞書を引けないのがストレスです。

少しぼーっとできる休日などに、「この日本語って英語で何と言うのだろう」「この英語って日本語ではどのように言えるだろう」とふと思ってある単語を調べ始め、そこからさまざまな辞書を引いたり、読んだりしているうちに数時間が過ぎてしまう……こんなふうに休日を過ごせたらとても幸せです（マニアックですみません）。

紙の辞書には「偶然」の楽しみがある

英語を勉強し始めた中学生、高校生には紙の辞書をお勧めしています。学び直しの社会人の方も、最初は紙の辞書を使ってみてください。

電子辞書は、「検索型」でつづりがわかっている単語を調べるには便利です。しかし、電子辞書では検索した単語の項目しか画面に出てきません。つまり、「選んだ」単語の情報しか入ってこなくなります。

今では電子辞書の機能性がもてはやされ、中高生でも電子辞書を持ち歩いています。検索が楽なのでどんどん辞書を引けるといった利点もあるのですが、電子辞書の利用が広がる陰で紙の辞書を引く経験が消えていってしまうとしたら、これは大変もったいないことです。

紙の辞書は、偶然いろいろな言葉を見つけられるというところに大きな特長があります。ページをめくる過程でさまざまな言葉と出会ったり、ひとつの単語を引くとその前後にある単語も目に入ったりします。

ふと目にした単語の意味を読み始め、気がつくと本来の目的以外の単語や表現も熟読している……。

これこそが、紙の辞書の醍醐味《だいごみ》です。私も英語に触れ始めた学生時代は辞書のページをさまざまにめくって「読む」ことが大好きでした。

紙の辞書と電子辞書の関係は、街の書店とオンライン書店の関係になぞらえることができます。

目当ての本、すぐに読まなくてはならない本を何冊も探すならオンライン書店で検索して注文するのが効率的です。

街の書店ではあちこちの書棚を歩き回り「あ、こんな本もあるのか」「この作家はこういう本も出していたのか」と思いがけない本との出会いがあります。実際の本を見ることで、それまでまったく興味のなかったジャンルや作家に突然興味が湧くこともあります。

英語の言葉も本と同じで、必要性だけで調べていると、なかなか自分の幅が広がりません。紙の辞書だと、調べたついでに同じページの他の言葉やページをぱらぱらめくるうちに出会う言葉など、偶然の出会いがたくさんあります。偶然出会った単語を通して、自分の語彙力を広げていくのです。

特に英語を学習し始めた人や中学生、高校生には、この「偶然の出会い」を通して、英語の奥深さを知ってもらいたいと思います。**電子辞書で効率的に無機質的にぱっぱと単語と出会っていては得られない知識が得られます。**

Googleの検索を辞書がわりに使う方法

現代は何かを調べるとなると、まずはインターネットの検索サイトにあたる時代です。

みなさんも、何かの事柄や人物、あるいは企業などを調べるときなどにGoogleなどの検索サイトを使っていると思います。

もちろん、調べることが仕事の大きな割合を占める同時通訳をしている私も、日々Googleのお世話になっています。

ところで、Googleには、通常のさまざまなリサーチだけでなく、英語を上達させるうえで有効な使い方があるのです。

それは前にも簡単に説明しましたが、「この英語表現は本当に使われているか」を調べるというもの。「イメージ力」をつけることに結びつきます。

熟語やイディオムとして英和辞典に載っている表現だけれど、はたして現実の社会でこの表現は使われているのか、どの程度一般的な表現なのか、迷うことがあります。辞書には載っていても、必ずしも実際に使われているとは限りません。

実際に、今この使い方がされているのかどうかを調べるために、私はGoogleで検索します。

たとえば「**Let's get to work!**」は「やりましょうよ！」といったニュアンスの表現ですが、この言葉が本当に一般的に使われているのかどうか知りたければ、フレーズごと検索窓に入力します。

すると、11～12億件くらいの結果が出てきます。これだけヒットすれば、この言葉は普通に使われているのだと判断できます。

通常、**ヒット件数が何千万件レベル以上であれば、とりあえず一般的に流《る》布《ふ》している**言葉なのだと判断します。

一方、**ヒット数が数十万件レベルだったら、少しマ**

イナーな使い方かもしれません。ヒット件数を、一般的に使われているか否かを判断するバロメーターとするのです。

ヒット件数だけでなく、どんなところで引用されているかもチェックできます。実際に仕事をしていて、緊急時に、

This requires immediate action.

と言った人がいました。周りは瞬時にピリっとした雰囲気になり、私も緊張したのを覚えています。

あとで **immediate action** を検索窓に入れてみたら、政治や軍事関連のサイトが上位にずらりと並びました。軍事、国防で使われる言い回しだから、あのとき周りが一瞬でピリピリした雰囲気になったのだ、と合点がいきました。

そして、普段「急いで仕上げよう」くらいのことではあまり使わないほうが得策だな、ということも思いました。

このほか連語辞典で調べたような、英語の単語の結びつきを知りたいときにも Google で再確認します。

単語には相性があって、この動詞はこの名詞を一緒によく使うけれど、こちらの名詞とは使わない……こうした結びつきは、ネイティブスピーカーでないとなかなかわかりません。

こうした単語と単語の結びつきを調べるときもGoogleにフレーズを入力して、検索してヒット数を参考にすることがあります。

Googleには翻訳サービスや辞書サービスもついていますが、私は使っていません。むしろ検索サービスのほうが英語学習者にとっては、とても優れた、そして特別な辞書だと私は思うのです。

英字新聞・雑誌、読むならこれがお勧め

リーディングの学習として、英字新聞や英文雑誌を読んでいる人も多いと思います。

インターネットの時代になり、最近では世界の主だった英字紙はインターネットで読めるようになりました。無料で読める記事が多いです。たくさんの雑誌が読めますが、でも実際には忙しい日々、そんなにさまざまな雑誌に目を通している時間はありません。しっかり記事を読んで勉強をしようということでしたら、ひとつかふたつに絞ったほうが継続できます。

私が社会人の方に勧めているのは、**新聞ならThe New York Times、雑誌ならThe Economist**です。メディアの変遷に伴い、有料課金される可能性が常に

ささやかれていますが、最新記事であればどちらもインターネット上で無料で読めます（2016年2月現在）。

ちなみにもう少し息抜きになる内容も読みたいなら、社会、エンターテイメント記事も載っていて写真使いもふんだんなTIME、ファッションに興味のある女性ならVOGUE、男性ならGQなどもよいでしょう。

その雑誌が作られ、そして購読されている、主に欧米のビジネスパーソンがどんな情報を得ているのかを知るためにも、これらに目を通しておくことはお勧めします。彼らはどんな情報を仕入れ、何を知り、まさに今、何に興味を持っているのか、これらのメディアから知ることができます。

また、こうした購読者層はどんなものを買っているのか、ライフスタイルはどうなっているかを知るには、掲載広告を見てみると、自分との違いに気づくかもしれません。

英語でプロフェッショナルらしいアウトプットを目指すのであれば、それ相応のインプットをしなければなりません。

あなたが話せること、書けることは、あなたが何を

読んでいるか、聴いているかで決まります。その中でも英語力をつけるには質の良いインプットが欠かせません。それには「読む」情報が自分相応であることが大切です。

「相応」というのは英語レベルのことではありません。興味関心の対象、そして知識レベルです。

英語をやり直しているところだから、といって絵本や子供向けのファンタジーを読むことはお勧めしていません。いつまでたっても「魔法の杖」だとか「モンスターと闘って勝利した」とか、そんな語彙しか身につかないからです。

ではこうした新聞や雑誌をいつ、どのように読むか。

こうした英語の新聞・雑誌を読むのは、通勤時や昼食など、ちょっとしたすきま時間を利用することをお勧めしています。すきま時間に短い英文記事を1本読むといった積み重ねが、リーディング力育成には大切です。10分、20分の空き時間は「読む」ことに費やしてください。

ネットの英字新聞・雑誌はSNSと連動させて読む

すきま時間にインターネット上の英字紙や英文雑誌を読む際には、ツイッターと連動させると効率的です。

先ほどご紹介した媒体は、ツイッターに公式アカウントを持っています。まずはこれをフォローしてください。

たいていは各サイトにツイッターへのリンクが貼られており、フォローできるようになっています。

ツイッターでフォローすると何がよいのか。

ツイッターでは、毎日最新ニュースが記事ごとに配信されるからです。ひとつのツイートにはひとつの記事の見出しが配信されます。そこには記事のURLがついているので、クリックすれば実際の記事に飛びます。それぞれのサイトには国際ニュースから政治、経済、社会など数多くの分野の数多くのニュースの見出しが表示されています。まずは、そこから興味のある記事を探して読むのです。

それぞれの媒体のトップページから、トップニュースや社説を読むのが本流かもしれませんが、それでは時間もかかるし、いつも一面の大きな記事しか読めない、という事態になってしまうかもしれません。そのトップニュースが自分とあまり関係のないことや興味が持てないことだと、続けるのがつらくなります。

それよりも、ツイッター上に次々と現われる見出しの中から興味のある記事をピックアップするほうが、作業はずっとシンプルで、その日に出会ったものから選ぶ偶然性もあって楽しく感じます。

読みたい記事がなければ、さまざまな見出しをチェックすることだけでも英文に触れていることになりますし、海外の媒体で報道されているニュースにはどのようなものが多いのか、日本の媒体と何が違うのかを、肌で感じることができます。

スマートフォンがあれば、通勤時でも場所を取らずに読めます。タブレットを活用してもいいでしょう。

スマートフォンアプリでは、動画など音声付きの記事も見られます。「リーディング」以外にも「リスニング」にも役立ちます。

なお、大手メディアはフェイスブックにもページを持っています。フェイスブック利用者は各メディアのページを検索して「Like」ボタン（「いいね！」ボタンは英語では「Like」と表示されています）を押せば、ニュースフィードに見出しなどが登場します。こちらも

英文雑誌はSNSと連動させて読もう

The New York Times
http://www.nytimes.com/

The Economist
http://www.economist.com/

TIME
http://time.com/

VOGUE
http://www.vogue.com

GQ
http://www.gq.com/

BBC
http://www.bbc.co.uk/

記事にリンクされています。

今、私のニュースフィードには、週に1度ほど、「今週1番『いいね！』が押された記事」というのが各媒体から配信されてきます。

この記事を読むだけでも、勉強になります。

すきま時間を利用して英語に触れるのならば、海外メディアをSNSと連動させて読む。これが、インターネットを利用した学習のポイントです。

話題のTEDで 英語の総合学習ができる

英語の勉強はお金や時間をかけるところはかけていいと思いますが、なるべく初期投資は少ないほうが始めやすいし、続けやすいと私は思っています。

その意味では、**インターネットには無料で英語学習ができる素材が数多くあり、活用しない手はありません。**

中でも、総合的に英語の勉強ができてお勧めなのがTEDです。

テクノロジー、エンターテイメント、デザインといった分野を中心に、世界に広めるべきアイデアを持っている人物が約20分間のプレゼンテーションを行なう「TEDカンファレンス」。

06年からインターネットでこのプレゼンテーションが公開されるようになり、世界中の注目を浴びるようになりました。NHK E テレでも TED の講演を紹介する番組（「スーパープレゼンテーション」）が放送されているので、ご覧になった方もいるでしょう。

TED のサイト（http://www.ted.com）にアクセスして視聴するスピーチを選べば、英語によるスピーチの模様が動画で見られます。字幕（subtitle）を設定すれば英文のスクリプトも見られますし、さらにボランティアによる各国語への翻訳も行なわれているので、場合によると日本語訳も読めます。

つまり、**TED のひとつのプレゼンテーションを素材にリスニング、リーディングなどさまざまな学習に使えるのです。英文スクリプトが見られるのでディクテーションもできますし、リピーティングもできます。**

まさに英語学習にぴったりな素材なのですが、さらにその内容が今世界で注目されている人物たちのプレゼンテーションであるというところが素晴らしいのです。

プレゼンテーション文化ともいわれるアメリカで始まったことからも、登壇する著名人はこの約20分のために数カ月前からプレゼンテーションのプロやスピーチのコーチに学びながら準備をすると言われています。いわば、時代を彩《いろど》る話題の人物たちの全身全霊を込めた、本格的なプレゼンテーションが見られるのです。しかも無料で。

過去の講演に遡《さかのぼ》ると、元アメリカ大統領のビル・クリントン、ヴァージングループの創業者のリチャード・ブランソン、マイクロソフトの創業者のビル・ゲイツも登場しています。

2007年にアル・ゴア元アメリカ副大統領の来日時に通訳した際も、TEDに掲載されていた地球温暖化のプレゼンテーションを見て準備をしました。結局はその映像が映画「不都合な真実」についてのものだったので、準備に最適な素材でした。

動画を見て、次にシャドーイングをして、その次には同時通訳の練習も、この動画を利用して行ないました。

日本で知られている人物や、日本ではまだ知られていないけれど素晴らしい考えや活動で、世界で注目されている人たちが語っているという点がTEDの一番の魅力です。

英語学習とともに、世界最先端のアイデアや、社会的な意義のあるアイデアにも触れられます。

英語のプレゼンテーション文化に触れる

世界が注目するTEDのスピーチは、非常によく作り込まれています。原稿もよく練られていますし、語り方もかなり考えられています。「ユーモアを織り交ぜ笑いをとる」「リズミカルに畳みかける」「問いかける」「熱く語る」といったテクニックがさまざまに用いられています。

当然のことながら、スピーカーたちは、練習を積んで登場しています。

スタイルはさまざまですが、どれもプレゼンの中のプレゼン。**TEDを見ていると、スピーチというのは英語のひとつの文化だと感じます。**英語でプレゼンテーションやスピーチをする機会がある方、いずれは英語でプレゼンテーションができるようになりたいと思っている方は、ぜひTEDの素晴らしいスピーチの数々を見て、参考にしてください。

個人的に印象に残ったスピーチのひとつが、フェイスブックのナンバー2、COOを務めるシェリル・サンドバーグ氏の行なった「**Why we have too few**

women leaders なぜ、女性のリーダーは少ないのか」です。

サンドバーグ氏は2010年にこのスピーチを行なっています。2児の母親でもある彼女は、働く女性たちが仕事と人生との間で直面するさまざまな葛藤《かっとう》をリアルに語り、女性たちはどうしたらいいのかを現実的な視点で語っています。

世界が注目する企業のナンバー2である彼女は、いわば超スーパーキャリアウーマン。スピーチを視聴するまでは、いかにも「アグレッシブな女性エグゼクティブ」という話し方をする人かと思っていたのですが、実際に聴いてみると、もっとしなやかな女性らしい印象を受けました。

プレゼンテーションのときのオーディエンスは女性主体ということもあってか「ねえ、みんな聴いて！」という感じの、フレンドリーな話し方でスピーチを行なっていました。「世界のトップ企業で辣腕《らつわん》をふるう私」といったような演出はありませんでした。

注目されている人物のTEDトークということで、賛否両論さまざまな議論を巻き起こしました。

自分の意見をおおやけに伝える、ということはこういうことなのだな、と思いました。欧米では早くからパブリックスピーキング（人前で演説すること）の練習をすると言われていますが、これは自分の意見を堂々と人前で論理的に話す訓練であるとともに、ほかの人の主張をしっかりと聴くことを意味します。

そしてそれについては、自由に意見していいのです。「それ」とは話した人の人格でなく、あくまでも「話の論点」。

自分の意見をきちんと相手に伝える訓練も大切です。それとともにTEDを見ながら、私はさまざまな背景を持った、さまざまな意見を持つ他人の意見に耳を傾け、それを学びとすることの大切さを感じています。

印象的だった、
オバマ大統領夫人のスピーチ

スピーチといえば、少し前に素晴らしいと思ったのはオバマ大統領の夫人、ミシェル・オバマ氏のスピーチでした。

彼女はスピーチが上手で、たとえの使い方なども的確で、いつも人を惹《ひ》きつけるものがあります。中でも感心したのはオバマ氏が最初に立候補したときの大統領選の際の演説でした。

女性有権者たちが集まった場での演説でしたが、

「10歳くらいの黒人の女の子が私のところに近づいてきて“オバマさんみたいな人が大統領になったら、これってスゴイことだと思わない？”と話しかけてくれたんです。私は“それって、すごいことよね”と答えました」

とまず、ちょっと「なんだろう」と人を引き込む話をして、軽く笑いを取った後に続けて、

「黒人だと世の中には限界があると10歳の女の子でも思っているんです。でももしオバマが大統領に選出されたら、そんなふうに思っている人たちにも希望が与えられます。オバマが大統領になるということは、つまりはアメリカに希望を与えるということなんです」

といった内容を続けたのです。民主党対共和党という枠組みを超えた大きな話に持っていく。しかも小さい女の子の身近な話を人類の希望といった大きな話にぐんと広げていくあたりが見事です。

もちろん有能なスピーチライターが彼女にはついているのでしょう。しかし、原稿の内容は彼女自身がチェックしているでしょうし、なによりも彼女が伝えたいことやその世界観が伝わってきます。実に感動的なスピーチで、見るたびに思わず涙ぐんでしまうほどです。

無料で聴講できる iTunesU も凄い

TED のほかにも活用できるものに、**世界各国の大学の講義を無料で聴くことができる「iTunesU」**があります。

iPod や iPhone ユーザーにはお馴染みの、アップル社の iTunes というサービスがあります。音声ファイルを整理し、映画や音楽をダウンロード購入でき、PC 上であるいは iPhone やタブレット上で視聴できます。この iTunes のサイトに、「iTunesU」というコーナーがあるのです。

iTunesU にはハーバード、スタンフォード、オックスフォードなど世界各国の有名大学の教授や研究者の講義が公開されており、申し込めば無料で聴講できます。ちなみに「白熱教室」で有名なハーバード大学のマイケル・サンデル教授の講義も公開されています。

ジャンルも文学、言語、生物、経済、ビジネスなどさまざまな学部にわたっています。音声だけの講義、動画で授業風景が見られる講義、資料やテキストが用意されている講義もあります。今では数多くの大学が iTunesU に参加しています。

字幕などは出ないので難易度は高いですが、専門分野や関心を持っている分野にチャレンジしてみてもいいでしょう。なお、留学を考えている方には現地の講義の雰囲気がわかるので、とても参考になります。

当初はiTunesUは大学が中心でしたが、今は研究機関、幼稚園から高校のクラスも公開されています。

iTunesUの講義を聴講するには、iTunesのサイトからiTunesUをクリックしてください。なお、iTunesを利用していない人はパソコンにiTunesをダウンロード（無料）して試してみてください。アップル社の公式サイトからダウンロードできます（http://www.apple.com/jp/itunes/download）。

iTunesUのページに入ると、新着の講義やお勧めの講義がずらり並んでいます。こうした中から興味のあるものを選んでみます。また人気ランキングも発表されているのでこちらを参考にしてもいいでしょう。大学や研究機関から、興味深い講義を探すこともできます。

聴講したいときは「購読する」をクリックします。

インターネットラジオで英語環境を

英語学習者にお勧めしているのは、**自分の環境を「英語環境」にする**ことです。

たとえば、自宅でも耳から入ってくる音声は英語にする、といったことです。日本のFMを流す代わりに、海外のラジオ局の音声にするのです。

英語CD教材を流しておくのもいいですが、特に一人暮らしなどの場合、家で誰かが話している音声がかかっているのも怖い感じがすると思うのです。

その点、適度に音楽もかかるインターネットラジオはお勧めです。今では世界中のさまざまなラジオ局の放送を、インターネット上で無料で聴けるようになりました。英語のラジオ放送を流して、いつも英語が聴こえてくるような環境が作り出せます。

私はハワイのラジオ局KCCN FM100をインターネット経由でかけていました(2013年まで)。スマートフォンやタブレットアプリもあるので、そちらを利用してもいいでしょう。

家で耳に入る音声を海外のラジオにしておくと、すべて英語の世界になります。

また、**ラジオで聴こえてくるアナウンスや広告をリスニングだと思って聴いてもおもしろいです**。ラジオの中で話されることは交通情報や天気予報など、生活密着型のアナウンスが多いので聴き取りやすいのです。

コマーシャルも、最近だと経済状況を反映して「クレジットカードの返済にお困りの方」といったメッセージが流れたり、クリスマス前にはパーティ用品や大型スーパーのコマーシャルがあったり、バレンタイン前になると「素敵なバラの花束を贈りましょう」というインターネット花屋のコマーシャルだったりします。家ではがちがちに英語の勉強、というよりも音楽を聴きつつ、こうしたアナウンスを背景に英語環境を作り、英語に触れ続けるのが継続への道です。

その他、iTunesのRadioメニューから、好きな音楽のジャンルを選んでそのジャンルをたくさん流している局の放送を聴くこともできます。

夜などちょっと落ち着いた雰囲気にしたいとき、私はiTunes RadioのJazzというところから、ランダムにそのときの気分に合わせて局を選んでかけています。「ハワイではなくてもいいかも」と思うときは、このようにして変化をつけていました。

パソコンのブラウザを英語設定にしてみよう

ほかにも「英語環境」を演出するには、「日本のテレビは見ない」「パソコンのブラウザを英語設定にする」というのもあります。

ストイックに英語に触れたい場合は、家では日本のテレビを見ずに海外の映画やドラマのDVDのみにする、とかケーブルテレビなどから海外の放送を見る、と決めてもいいでしょう。

また、ふだん使っているインターネットやスマートフォンのサービスの「言語」をすべて「英語」に切り替えてみましょう。

たとえば検索エンジンのGoogle、メールサービスのGmail、ツイッターやフェイスブックも表示をすべて英語にすることで、「英語環境」を促進していけます。

メールのスクリーンの表示が、

Inbox　(受信トレイ)
Important　(重要)
Sent Mail　(送信済みメール)
Drafts　(下書き)
Spam　(迷惑メール)
Trash　(ゴミ箱)

となっているだけでも、日本語の表示と違って新鮮な感覚がしませんか。

5

章

英語はコミュニケーションのツール

本書も、いよいよ最後の章です。ここまで説明してきたことのまとめとして、コミュニケーションツールという観点で、英語について改めて考えてみたいと思います。
ここでは、日米の「丁寧」に対する考え方の違いを quiz にしてみました。

quiz
7

日本語では、「丁寧な言葉遣い」は、立場が上の人間に対して用いますが、英語圏、特にアメリカでは、どんな相手に使うでしょう?

「会議で発言するために実用的な3つの心構え」も説明しています。
もちろん、日本人だけの会議でも使えるノウハウですよ。
＊ quiz の答えは 259 ページをご覧ください。

英語のコミュニケーションはconstructive“建設的”に

ここまで読んでいただいたことで、「イメージ力」「レスポンス力」について、おおよそつかめていただけたと思います。

この**「イメージ力」「レスポンス力」も、結局すべては英語でコミュニケーションを取るのに必須の要素です。そして、実際にコミュニケーションを取る際に忘れてはならないのが、ポジティブな姿勢です。**

「ポジティブ」という言葉は日本語でもひんぱんに使われるようになっていることから、悪いことを考えずに、マイナスなことを頭の中からシャットアウトして、ただひたすらよいことを考え続ける、楽観的なイメージをお持ちの方もあるかもしれません。

しかし、ここでは英語でいう**constructive**（建設的な）のイメージでとらえてください。意義のある目的を持って現状をよりよくしていこう、というニュアンスです。

人とコミュニケーションを取ることの目的は、人と関わり合い、心を通わせることです。友人など親しい人との会話も、仕事上のやりとりも、お互いを理解し、情報交換をしながら、お互いの望みを叶え合うことなのではないでしょうか。

英語でのコミュニケーションにおいても、お互いの心を通わせ合うことがもっとも重要なのです。

「英語の勉強」というと、単語を覚えたり、文法事項を覚えたり、テストで高い点数を取ったり、というところについつい収束しがちですが、英語を学ぶ目的は、そういったことを超えたところにあるはずなのです。

ビジネスの英語においても、「勝ち負け」が大切なのではありません。交渉で自分の主張を相手にのませることが大切なのではありません。お互いによりよいものを作りたいことを、前向きかつ建設的な姿勢を通して伝えることが大切です。シンプルな言葉で自分の言いたいことを簡潔に表現することが大切です。

できないことではなくできることを探したり、ビジネスの新たな可能性を模索したり、新しいやり方にチャレンジするといった考え方が、ビジネス英語を学んでいくと次第に身についていきます。

まずは気持ちを前向きに。そして英語の表現も前向きに。これがグローバルなビジネスのコミュニケーションの基本です。

この章ではコミュニケーション、主にビジネスコミュニケーションにおいて私が心がけていることや英語で仕事をしていて気づいたことをお伝えします。

初対面の想定英会話

英語学習で忘れてはいけないのは、学んだ内容を「実際に使うこと」です！

どんなに暗記しても、どんなに準備しても、最初は残念ながら実際に口をついて出てくるのは覚えたものの一部です。それを実践で何度も声に出して練習していくうちにだんだんと自信がついて、使える英語も増えていきます。

だから、とにかく実際に使ってみる、というステップをおろそかにしないでください。

英語会議をはじめビジネスでのさまざまな場面で「ぱっと言葉が出てこなくてなかなか英語が話せない」というビジネスパーソンの悩みを多く聴きます。

特に、業務上のピンポイントの質問なら答えられるけれど、仕事全般についての話や食事の席の雑談などはどうしたらよいのかわからない、という人が多いようです。

では、どうするか。

そういった**「いつもの業務」を超えた範囲のことも「イメージ」して、想定問答集を自分で作るのです。**

さまざまな場面を想定しておくことによって、言葉に詰まってしまうと思っている部分の半分は切り抜けられるのです。

関連会社のスタッフとのミーティングやアテンド、取引会社のスタッフとの会食などに参加するときに、いつも **Nice to meet you.**（はじめまして）だけ言って終わってしまうという人は、英語力が足りないのではありません。準備が足りないのです。

自分の名前と担当している仕事については、英文のシナリオを作っていつでもぱっと出るように練習しておく。

そうすれば、少なくとも簡単な自己紹介だけはできるのです。

Nice to meet you.
I'm Masa from the sales department. I'm in charge of large accounts in the Kanto region.
はじめまして。
営業部のマサと言います。関東の大口顧客の担当をしています。

Nice to meet you.
I'm Yasu from Marcom. I'm in charge of media relations.
It's so nice to finally see you in person.

はじめまして。

マーコム（**Marketing and Communications** の略。日本語でも「マーコム」という場合も多い）部のヤスです。メディアリレーションの責任者です。

やっと直接お会いできてとてもうれしいです。

などと２～３文作成しておくといいでしょう。

みなさんも、上記の英文を参考に、自分自身の紹介をしてみましょう。

ちなみに **Nice to meet you.** は初対面のときに使う言葉です。何度も会っている人にその都度、**Nice to meet you.** とあいさつをしている人がときどきいます。「この人は前に会ったことを覚えていないのか」と思われてしまいます。

では、どうするか。以前会ったことがある人には笑顔で、

Nice to see you again.

またお会いできてうれしいです。

と言えばOKです。このふたつのあいさつは似ているので、混同している人が実はたくさんいます。今一度、自分の言っていることを振り返ってみてください。

続けて、相手の様子をまずは質問する。そうすると

向こうから話を始めてくれるので、相手の状況を把握することができます。

Good to see you again. How've you been?

またお会いできてうれしいです。お元気ですか。

と続けてふたつのセンテンスをさらっと言えるように練習しておきましょう。さらに、相手に自分のことを訊かれたときに言うことも考えておきます。

こうすることであいさつは簡潔に、自信をもって行なうことができ、その後の会議をスムーズに進めることができるのです。

「最近どう？」と訊かれたら

How've you been? とこちらが訊かれたら……。

「アイムファイン」と答えるのは、教科書そのままで、英語で聴いても少々硬いです。ではどうするか。

Things are good, thanks.

いい感じですよ、おかげさまで。

It's been quite hectic, but we're doing well.

かなりばたばたしていましたが、みんなよくやっていますよ。

It's been quite tough, but things are picking up now.

けっこうきつかったのですが、またよくなってきています。

The market is still tough, but we'll see how things go.

市況はまだきついのですが、今後どうなるか見ていきましょう。

仕事で会っている人が「最近どう？」と訊くのは、あなた個人のことよりも会社の業績や会社全体のことについて訊きたいことが多いので、このように全体のことを言うのがいいでしょう。

個人的な会話であれば **I've been good, thanks.** でもいいです。が、「君のことが訊きたいんじゃないんだけど」と心の中で思われないように、空気を読みましょう。

私の妄想英会話はじめ

高校時代、イギリスに留学した私はなんとか友達を作ろうと頭の中で会話を作って、クラスメートに思い切って声をかけていました。このトレーニングを、「妄想英会話」と呼んでいます。

まずはあいさつや自己紹介に始まり、さらに話しかけるフレーズを考えていきました。

たとえば「今日のランチ一緒に食べない？」に関しては周りの生徒が使っている英語にまずは耳をすませ

て、その言い方をまねしました。

Do you want to go for lunch?

そして相手の答えのパターンを事前にイメージして、それに対する返答を考えておくのです。

●相手が言いそうなこと１

OK.

いいよ。

●相手が言いそうなこと２

Actually, I have my violin lesson at lunch.

今日のお昼はバイオリンのレッスンなの。

●相手が言いそうなこと３

Actually, I'm eating with Helen.

ヘレンと約束しているの。

１であれば、こちらから、

Where shall we sit?

Where do you want to sit?

どこに座ろうか。

Do you know what we're having?

献立は何だか知っている？（学校は給食だったので……）

このように、とりあえず会話を続けさせるために訊く質問を考えておきます。

What do you want to have?

何食べたい？（土日などにはこのように訊いて、食べるものを決める）

などと、ランチを実際に食べるにあたっての質問を考えておきます。

2であれば、これは「今日はダメ」ということです。

そうしたら **Okay, then.**（わかった）と流す、というのがひとつ。

続けて **So maybe tomorrow?**（じゃ、明日とか？）と、それとなく翌日のことを訊く。

ここからOKだった場合やそうではない場合などをまた想定していく。

3であれば、別の友達と約束がある、ということ。

そうしたら混ぜてもらうのが一番です。

Okay, do you think I could come with you?

そうなんだ。一緒に行ってもいい？

などと考えて、ここから先の話題も考えていました。

想定会話を ビジネスの現場でも用意しておく

こういった想定問答を、仕事の場合でもいくつか考えておくのです。

How are things?

最近（仕事は）どうですか。

When did you arrive?

いつ日本に到着したんですか。

How's Mary?

メアリーさん（その人の同僚やあなたがメールでやりとりをしたことがある人）はお元気ですか。

といった質問フレーズをいくつか用意し、さらに、

That's great!

That's wonderful!

それはよかった。

I'm so sorry to hear that.

Oh, that must've been tough.

それは大変でしたね。

How did that happen?

どうして?!（どうしてそのことになってしまったの？）

など、次のステップも考えておくのです。

こうしたことを考えておくだけで、会話に自信が持てるようになります。

まずは話のとっかかりの部分から始めます。それから、相手の言った言葉に対するあいづちや、こちらの反応を考えておくのです。

こうした妄想英会話を作ることで、「イメージ力」を養いながら「レスポンス力」を鍛えていくのです。

重要なポイントは、「その場ですらすらと英語が出てきて話せる」ということは最初から想定しないこと。

はじめからぱっぱと英語は出てきません。

行き当たりばったりで自分の話したいことを話せるようになるには、それ相応のトレーニングや場数を踏んでいなければできません。これが現実です。だから前もって話題をいろいろ想定し、話したい内容をセリフのように用意する。そしていざそれらの言葉を言うとなったときに、実際に英語が出てくるように、何度も声に出して練習するのです。

そこから自分のレパートリーを増やしていく。話せる表現をTPO別に少しずつ増やしていくのです。実際に会話をしていくうちに、以前より聴き取りが楽になったり、時にはアドリブでちょっとしたことが言えるようになったりするなど、英語力自体も次第に上がっていきます。

大事なのは、実際に英語を話すこと。そして、気楽に英語を話すために、最初はしっかり準備をすることです。

会議の途中で発言するための、極めて実用的な３つの心構え

準備や心構えが整ったら、実際に発言する回数を増やしていきます。

たとえば、英語で開催される会議。

英語会議で一度は発言する。

これは英語会議に参加する第１段階です。ただ、会議になってしまうとどんどん会話が進んでしまって、ついていくのに精いっぱい……という悩みもよく聴きます。

そんなときはどうするか。

第１の心構えは、「流れは読まない」こと。

周りの会話についていこうとするから、わからなくなるのです。

会議のアジェンダなどは前もってわかっているわけですから、自分の考えや言うべきことを３つくらい

は用意します。そのうちのひとつでも、会議中に発言できたらよしとしましょう。

周りだって、必ずしも流れを読んでいません。

「話がぽんぽん飛んでついていけない」会議に出席しているあなた。あなたの周りの人こそ、流れを読んでいないのでぽんぽんいろいろな話題が出てきてしまうのです。

であれば、あなたも読まなくていいのです。

第2の心構えは、「発言は2番目か3番目までにする」。

会議中にとにかく発言すること。発言するためには自分の意見を用意しておくこと。

そして、同じことを言われてしまう危険性を避けるために、なるべく早く発言すること。

最初に発言するのは勇気が要《い》りますから、2番目か3番目までにするのです。

あなたの英語がゆっくりしたスピードであるならば、早めに発言することでネイティブスピーカーではない人間がいるのだ、ということを暗にアピールすることにもなります。

第3の心構えは、それでも話に切り込んでいかなければならない場合、**「発言者の言葉をまずは繰り返し、そのまま自分の発言に持っていく」**。

そして「発言者の言葉に同調し、そのあとに自分の発言に持っていく」。

参加者が次々と発言していて、現実的に割り込めない……という場合に使えるテクニックです。

「この瓶は白がいいと思う」と主張している人がいたら「たしかに白がいいですね」と繰り返して、「ちなみに〜」や「そして〜」と自分の意見を言ってしまうのです。

あるいは「でも〜」と付け足していってもOKです。

「ちなみに〜」の後の発言が前の人の発言とあまり繋がらなくても、この際かまいません。

【例1】

飲料メーカーで新しい飲料のパッケージについて話す会議。

Aさん : **I think this bottle should be white.**

この瓶は白がいいと思う。

あなた : **I think it should be white, too. And maybe the logo could be slightly bigger.**

私もこの瓶は白がいいと思います。そして（ちなみに）ロゴはもっと大きくてもいいと思います。

【例2】

Aさん：**I think this bottle should be white.**

この瓶は白がいいと思う。

あなた：**I think it should be white, too. But it should have a shinier finish.**

私もこの瓶は白がいいと思います。けれどももっと光沢感のある仕上げがいいと思います。

このように、「ちなみに瓶の素材は～がいいと思います。なぜなら～」とテーマをずらしてもいいですし、「白もいいですが、意外と青もよいのではないかと思います。なぜなら～」と前の人の発言を覆《くつがえ》す発言でもかまいません。

前の人の発言を繰り返すのが大変なら、「発言者の言葉に同調し、そのあとに自分の発言に持っていく」という作戦もあります。

Exactly!

そのとおり！　そうですね！

と同調するだけでも、話に入っていくことができるのです。

その後に「さらに～」と自分の意見を言いましょう。このときも前の発言者の内容に対してそれほど「そのとおり」と思ってなくても、問題ありません。

とにかく割り込むための言葉だと思ってください。

【例3】

Aさん：**I think this bottle should be white.**

この瓶は白がいいと思う。

あなた：**Exactly! I was thinking the same thing.**

そうですね！　私も同じことを思っていました。

同じ意見を言っている、ということにすぎないように思えるかもしれません。が、これを言うだけでもあなたは会議で発言したことになります。存在感を発揮できます。

そして、このように会議中に賛同意見が出ると、その後周りも発言しやすくなります。あなたは会議を、意見が活発にしやすい前向きな雰囲気にしたことになるのです。

では、どうしてもうまく話に入り込めなくて発言できなかったらどうするか。

この際、挙手して自分には言いたいことがあるのだ、と言ってしまっていいのです。司会者（ファシリテーター）が「では次のトピックに移りますが、なにか他にありますか」と訊いてくれることが多いので、そのときも発言のチャンスです。

Can I just say something?

ちょっとひとこといいですか。

I have a question.（私は質問があります）というのでもいいですが、ちょっとこなれた感じを出すのであれば、「ちょっとひとこといいですか」と、手を挙げながら言うといいでしょう。

基本的に、英語会議ではスマートに発言しようとは思わないほうがいいのです。泥臭くても仕方がないのです。

女性が英語を話すときは低音で

英語を話すとき、私は日本語で話すときよりも低めの声で話しています。

もともとアジア人、日本人の風貌は実際の年齢よりも若く見られがちなので、声が高いと子供っぽい、頼りない印象を相手に与えてしまうからです。

「こんな子供のような人と仕事して大丈夫なのか」
「能力はあるのか」

と、見た目と声のかわいらしさから、英語圏のビジネスパーソンは不安を抱きます。日本では人気の「かわいい」ですが、欧米のビジネスの世界ではそれほど評価されません。

年相応であること、その人らしいことが評価されます。中でもビジネスの場で「かわいさ」はことさら出す必要がありません。

私が仕事で英語を使うようになったのは、大学を卒業した年からです。新入社員だからといって、取引先は手加減してくれませんでした。また「こんな小娘を連れてきて」と言いたいような顔をされていたのは、こちらにも伝わってきました。

だから余計に「小娘」に見られないように、話す内容はいつも準備をし、そして話し方にも気をつけました。

今から思うとかなり無理をして、大人に見せようとつっぱっていたのだと思いますが、相手からの信頼を勝ち取らなければ仕事が進みません。外見や声などから受ける印象で、相手は自分の仕事をも判断してくると感じて、私は意識して声は低めに堂々と、そして状況に応じてアクセントを置くところや、間に注意していました。

基本的に、商談のときは低めの声で堂々と話します。

握手はしっかりとグリップし、相手の目を見ました。おじぎを一緒にしてしまうとペコペコしている印象を与えるし、相手の目が見られないので、日本語のあいさつのときにしてしまうおじぎの癖が出ないように、気をつけていました。

不必要にニコニコしない。笑顔はタイミング重視で

こちらがプレゼンテーションなどで相手にアピールしたいときは、ポジティブな形容詞のところはアクセントをつけます。

たとえば、

This actually proved to be effective.

これは実際に効果的でした。

という場合には、**actually** と **effective** を強調して言う。

We believe this is a feasible solution.

これは現実的なソリューションだと思います。

という場合には、**believe** と **feasible** を強調して言う、といった具合です。

また、話題を始めるときは明るく言い、そのセンテンスのあとで間を取ります。

Let me share with you our strategies going forward.

今後の戦略をお話しさせてください。

という場合はまず **Let me share with you** までを一気に明るく言います。

この文でアクセントを置くのは **share, strategies, going forward** です。そしてセンテンスが終わったと

ころで聴いている人たち全体に目を向け、一呼吸置いてから、実際の話に入ります。

Let me talk about the next step.

次のステップについてお話ししましょう。

という場合には **Let me talk about** までを一気に明るく言い、この文の終わりの **step.** と言ったところで、聴いている人の顔に目を向ける、というくらいの間を置きます。

そのあとで、実際のステップについての話を始めます。

そして、仕事中は不必要にニコニコしないことにしました。

コミュニケーションを取るときは前向きに、とお伝えしてきましたが、いつもニコニコしていろ、という意味ではありません。仕事でまじめに戦略の話をしたり、交渉をしたりしているときは常に建設的に物事を考えます。

その考えや熱意を相手に伝えるためには、普段はキリっとした顔をし、話の最後や人に話しかけられたときなどに、時折ニコっと **smile** を一瞬すればいいのです。

通訳のときには、話者と同じ表情をすることを心がけています。真剣な話をしているのに、通訳者だけニコニコしていてもおかしいですし、和《なご》やかな場面でこちらが必死に通訳でついていこうとしている表情をしているのも滑稽です。その場相応の表情やふるまいをすることも求められていると感じます。

英語が相手に伝わらない、英語の学び始めはニコニコしたり、おおげさにリアクションをしたりして相手を和ませるのは、ひとつの手です。

ただ、いつまでも英語が上達せずに、リアクションが大きいだけの人を、男性でも女性でも見かけます。相手はあなたを「かわいいヤツだ」とは思ってくれますが、重要な話を腹を割ってしてくれるとは限りません。

もしかしたら、いつまでも「リアクションが派手なヤツ」というピエロのような印象を持たれ、そこから進化できなくなるかもしれません。

英語と日本語では「丁寧」のコンセプトが違う

英語と日本語のビジネスコミュニケーションで大きなギャップがあると思うのが、「丁寧」に対する考え方、コンセプトです。

日本では「丁寧」は、相手を敬《うやま》う表現。通常は先輩、年長者や顧客など立場が上の相手に向けて使います。この上下関係は基本的に変化しません。このため、上司や顧客に対しては常に丁寧な表現を使います。

一方**英語圏、特にアメリカにおいては「丁寧」は知らない相手に対して使う表現です**。つまり人間関係の距離の遠い相手に対して丁寧な表現になります。端的にいえば初対面かどうか、です。初対面の相手には丁寧な言葉遣いをしますが、2度、3度と会えば、人間関係の距離は近づいてくるので、表現はフランクになります。

もちろん、英語でも立場が上の人に向けて丁寧表現は使われますが、日本語のそれとは使う場面が違うのです。普段から顔を合わせている上司ならあいさつも **Hi, Mike!** とファーストネームが普通。日本だったら「タメロで話すとは!」と怒られてしまいそうですが、距離の近い親しい関係なら、フランクな表現を用いるのです。

丁寧表現からフランクな表現に変わるのは、フランクな表現で親しみを示しているのです。したがって何度も顔を合わせている相手、仕事を一緒にしている相手に対して丁寧すぎる言葉を使い続けるのは、「あなたとは距離を置いています」「あなたには心を許していません」というメッセージを発していることになります。

一生懸命、**would** などを駆使した丁寧な表現を考えてあいさつしたり、メールを送ったりしている人は、せっかくの努力が彼らからすると「いつまでたってもうち解けてくれない」「フレンドリーじゃないな」と思われているかもしれません。

「なんだかヨソヨソしい人」と思われないようにかっちりとした丁寧表現だけではなく、少しフランクな英語表現を使うようにしましょう。

実際に英語を使って、心が通い合う経験をしよう

ここまで、主に英語でのビジネスコミュニケーションの場面で私が気づいたことをお伝えしてきました。今度はみなさんが実際に英語を話す人を相手に、英語を声に出して、コミュニケーションを取ってみてください。

セミナーなどを開催すると、

「ひとりで勉強して英語が上達する方法を教えてください」

といった質問を受けることがあります。もちろん、日本の英語学習者が全員実践で英語を使う機会があるとは限りません。だから、実際に使う日までにひとりで練習したい、ひとりでも上達したい、という気持ちからのご質問だと思います（このような質問をくださる方は往々にしてとてもまじめで向上心の高い方ということも知っています^^)。

この本でも、ひとりでできる英語勉強法をたくさんご紹介してきました。

ただ、改めてこの本の最後で強調したいのは、

「英語はコミュニケーションツールである」

ということです。

英語は、実際に英語を話す環境で、英語を話す人を相手に使ってみてください。

実際に声に出してください。

その人の言うことに真剣に耳を傾けて聴いてください。

そして、誤解をおそれずに言ってしまうと、通じればいいのです。最初はそこから始めましょう。

さっきごはんを食べた、ということを現在形で言ってしまっても、相手がわかればいいのです。そういったちょっと初歩的な間違いをしながらも、それを認識し、次に間違えないようにしてください。

そう、「英語を話す次の機会」をまた意識的に作ってください。次の機会にはこんな表現をしてみよう、と準備をしてください。「今度はこんな会話をできたらいいな」と思い描きながら言いたいことの準備をしていたら、実際にその思い描いた状況が実現してしまう、なんていう話を私はよく聴きます。

実際に英語を使う相手がいない、そんなときはむしろ机に向かって英語の資格試験勉強をするよりも、「次に使うこと」をわくわくしながら妄想して「妄想英会話」をしてみてください。もしかしたら、その場面が実際に実現してしまうかもしれません。楽しみですよね。

英語を使う回数が何度かあり、ある程度意思疎通ができてきた、という段階になったら、洗練された言い回しを身につけたり、少しストレッチした目標を持ったりして、英語に取り組んでみてください。

「英語で心が通じ合った！」

そんな経験をたくさん積み重ねていってください。

おわりに

私はなぜ英語を勉強し続けるのか。

得意だから。仕事だから。

それもあるかもしれません。

が、結局は英語を通して人と心を通い合わせたいからなのです。

「イメージ力」を鍛えるのも、「レスポンス力」を鍛えるのも、結局は人とコミュニケーションを取りたいからです。

人とかかわりたいからです。

世界とつながっていたいからです。

世の中のことを、英語を通して学びたいからです。

人と心を通い合わせたい。

もっと学び続けたい。

これらが原動力となっているからこそ、私は今日も英語を勉強し、通訳という「媒体」となる仕事に向かっていくのだと思います。

最近、明るい未来が描けない、そんな人が多くなっていると言います。

私も、実は将来が不安です。

先日もロンドンのある有名教授の講演を聴きました。

その教授によると、今の世の中を生きる私たちが手に入れたものは健康で長寿な人生だ、とのこと。

「人生は短い」というのにも同意はするのですが、一方で私は最近「人生が長すぎるのではないか」と、不安に思っていました。

60歳や65歳の定年後も、人生は80代、90代と続いていく。どんな年齢になっても、仕事そのものはしなくなっても、元気で意義ある人生を送っていくためには、好奇心を忘れず、人生をおもしろがって取り組んでいくことが重要。

と教授。

そう、その通りなのです。

ある程度キャリアも積んで、人生もある程度の長さを生きてくると経験も増えてきて、つい、「もう、それ知っている」「そこ、もう行ったし」とか、「別にそんなことしなくてもいいや」「知らなくてもいいや」と、最近の私は思ってしまうことがありました。

でもそれでは、人生は楽しくないですよね。

人生に広がりがなく、どんどん視野の狭い偏屈な人間になってしまいそうです。

長い人生をどうやってこれからも楽しんでいこうか、と考えたとき、そのときに強く思ったのが、これからも、

「人と心を通い合わせたい」「これからも学び続けたい」

ということです。

周りの人やイベント、周りの事象に人生を楽しくしてもらおうとせずに、今この瞬間のことに感謝して、おもしろがっていくこと。

「こんな人がいるんだ、すごいな」

「こういう考え方もあるのか、おもしろいな」

「へー、なるほど」

という気持ちを忘れずに、日々生きていきたいな、と思いました。

それをしていくには、私は英語は格好のツールだと

思うのです。

私はこれからも英語を学んでいきます。

英語を学ぶことを通して、人生を学んでいきます。この世の中のことを学んでいきます。

そしていろいろなことを「おもしろいな」「すごいな」と思える自分であり続けたいと思っています。

みなさんは、残りの人生、どのように生きていきますか。

英語と友達になって、英語を通して人と気持ちを通じさせ、世の中のことをもっと知っていく、そんな人生を選択肢にぜひ入れてみてください。

It’s not about HOW anymore.

It’s about HOW MUCH you use the language.

これは、私が講演などで必ずお伝えすることです。

もう、HOW ＝英語を身につける方法論は十分に知りました。

これからはHOW MUCH ＝どれだけ英語を使うか、が重要なのです。

さあ、みなさんもこの本を読んだら、いったん本を置いて、外に出てみてください。

英語と新しい関係をもってください。実際に英語を使ってみてください。

人と英語を通じて心が通った！　という経験をしてください。

こんなアイデアがあるのか！　と新しいことを学んでください。

これからも世界にはばたいていくであろう、あなたを応援しています。

2016年2月　関谷英里子

一〇〇字書評

切り取り線

購買動機（新聞、雑誌名を記入するか、あるいは○をつけてください）

- □（　　　　　　　　　　　　）の広告を見て
- □（　　　　　　　　　　　　）の書評を見て
- □ 知人のすすめで
- □ タイトルに惹かれて
- □ カバーがよかったから
- □ 内容が面白そうだから
- □ 好きな作家だから
- □ 好きな分野の本だから

●最近、最も感銘を受けた作品名をお書きください

●あなたのお好きな作家名をお書きください

●その他、ご要望がありましたらお書きください

住所	〒		
氏名		職業	年齢
新刊情報等のパソコンメール配信を 希望する・しない	Eメール	※携帯には配信できません	

あなたにお願い

この本の感想を、編集部までお寄せいただけたらありがたく存じます。今後の企画の参考にさせていただきます。Eメールでも結構です。

いただいた「一〇〇字書評」は、新聞・雑誌等に紹介させていただくことがあります。その場合はお礼として特製図書カードを差し上げます。

前ページの原稿用紙に書評をお書きの上、切り取り、左記までお送り下さい。宛先の住所は不要です。

なお、ご記入いただいたお名前、ご住所等は、書評紹介の事前了解、謝礼のお届けのためだけに利用し、そのほかの目的のために利用することはありません。

〒一〇一‐八七〇一
祥伝社黄金文庫編集長　栗原和子
☎〇三（三二六五）二〇八四
ohgon@shodensha.co.jp

祥伝社ホームページの「ブックレビュー」からも、書けるようになりました。
www.shodensha.co.jp/bookreview

祥伝社黄金文庫

あなたの英《えい》語《ご》勉《べん》強《きよう》法《ほう》がガラリと変《か》わる

同《どう》時《じ》通《つう》訳《やく》者《しや》の頭《あたま》の中《なか》

平成28年3月20日　初版第1刷発行
令和7年11月15日　第13刷発行

著　者　関《せき》谷《や》英《え》里《り》子《こ》

発行者　辻　浩明

発行所　祥伝社《しようでんしや》

〒101－8701
東京都千代田区神田神保町3－3
電話　03（3265）2084（編集）
電話　03（3265）2081（販売）
電話　03（3265）3622（製作）
www.shodensha.co.jp

印刷所　萩原印刷

製本所　ナショナル製本

Printed in Japan　　ISBN978-4-396-31688-4 C0182

祥伝社黄金文庫

中村澄子

TOEIC® LISTENING AND READING TEST
千本ノック！ 新形式対策
絶対落とせない鉄板問題編

比較的難易度が低く、よく出る鉄板問題が大集合！ 基礎をおさらいしたいあなたにもお薦めの1冊。

中村澄子

TOEIC® LISTENING AND READING TEST
千本ノック！ 新形式対策
解ければ差がつく良問編

730点を取れる人と取れない人との差はいったい何？ ……この問題集をクリアできるかできないかの違いです。

中村澄子

TOEIC® LISTENING AND READING TEST
千本ノック！ 新形式対策
難問・ひっかけ・トリック問題編

フォーマルな書面、ビジネスで使う難しめの語彙《ごい》・熟語の問題……『千本ノック！』シリーズ史上最強の問題集。

中村澄子

新ＴＯＥＩＣ®ＴＥＳＴ
3ヵ月で高得点を出す人の共通点

6万人以上を指導してきたカリスマ講師ならではの視点と結論。これぞ、ＴＯＥＩＣ®勉強法の決定版。

荒井弥栄

ビジネスで信頼される
ファーストクラスの英会話

元ＪＡＬ国際線ＣＡの人気講師が、ネイティブにも通用するワンランク上の「英語」を徹底レッスン！

荒井弥栄

ファーストクラスの英会話
電話・メール・接待・交渉編

大事な交渉の席で、相手にケンカを売るような英語を使っていませんか？ その英語、実はこんなに危険です！